서둘러, 잊지 않겠습니다

『서둘러, 잊지 않습니다』

사랑하는 사람을 떠나보낸 이에게
전하는 위로의 선물

**초판 1쇄 인쇄** 2019년 1월 2일
**초판 1쇄 발행** 2019년 1월 8일

**지은이** 김도경
**발행인** 김경태 **에디터** 황수현
**디자인** 정소이 **홍 보** 이은정
**펴낸곳** (주)인포디렉터스

**출판등록** 2018년 2월 21일 제2018-000050호
**주소** 서울시 마포구 월드컵북로 400, 문화콘텐츠센터 5층 5호
**전화** 070. 8813. 5761 **팩스** 0505. 300. 1628
**책틈 전자우편** sfumato_f@naver.com **책틈 블로그** http://chaekteum.net

ISBN 979-11-963295-4-9(03810)
책값은 뒤표지에 있습니다.
잘못된 책은 구입하신 서점에서 교환해 드립니다.
이 책은 저작권법에 의해 보호를 받는 저작물이므로 무단전재와 복제를 금합니다.

책틈 (주)인포디렉터스의 인문교양 출판브랜드입니다.

이 도서의 국립중앙도서관 출판예정도서목록(CIP)은 서지정보유통지원시스템 홈페이지
(http://seoji.nl.go.kr)와 국가자료공동목록시스템(http://www.nl.go.kr/kolisnet)에서
이용하실 수 있습니다.(CIP제어번호:CIP2018039732)

이 책『서둘러, 잊지 않습니다』는 표지, 인용글, 제목을 제외하고
'원불교 한동근체'를 사용하였습니다.

# 서둘러, 잊지 않습니다

사랑하는 사람을 떠나보낸 이에게
전하는 위로의 **선물**

김도경 애도 에세이

이 책은 숨비소리와도 같습니다.
누군가를 위로하는
사람 책이 되어가는
달그락달그락하는 소리입니다.

**말을 걸며**
내리막길 혹은 오르막길에서
숨 고르기를 하고 있는 당신께  010

| | | |
|---|---|---|
| 1 | 슬픔은 제 몫만큼의 시간이 필요해 | 016 |
| 2 | 양말맨의 특별한 이별법 | 022 |
| 3 | 헛것들을 기억하고 사랑함 | 028 |
| 4 | 자기 검열의 수레바퀴를 돌리며 | 034 |
| 5 | 샤넬 18 Rouge Noir 매니큐어 | 038 |
| 6 | sfumato 스푸마토, 그 스며듦 | 044 |
| 7 | 이 아름다움은 저절로 생긴 것이 아니다 | 050 |
| 8 | 흔적 찾기, 돌려세우기 위함이었다 | 058 |
| 9 | 그린 라이트, 세상의 모든 음악 | 064 |
| 10 | 그 흔한 사람들, Be the Voice | 068 |
| 11 | 마왕, 구탱이형 그리고 트루 | 072 |
| 12 | 49일의 레시피, 꿈·음 | 076 |

| 13 | 엄마를 위한 기억의 선물, 포토북 | 084 |
| 14 | Re 그래, 다시 | 090 |
| 15 | 달그락달그락 골목길 | 096 |
| 16 | 나약해서라고, 말하지 마세요 | 100 |

| 17 | 이기적 슬픔, 나는 내 생각만 했다 | 106 |
| 18 | 절친의 눈물 | 110 |
| 19 | 7시간 슬픈 노랑 | 114 |
| 20 | 104세 생태학자의 생의 마지막 음악, 합창 | 120 |
| 21 | 선택 그리고 코너링 | 126 |
| 22 | 모르는 타인을 위한 애도는 가능한가 | 128 |
| 23 | 1,600km를 헤엄친 범고래 어미의 애도 | 136 |
| 24 | 드라마 도깨비, 마지막 회 | 140 |
| 25 | 애도받지 못할 죽음은 없다 | 144 |
| 26 | "그의 심장은 아직 따뜻했습니다" | 150 |

| 27 | 하이, 트루 | 154 |
| --- | --- | --- |
| 28 | 삶을 더 열망하게 하는 공간, 묘지 | 158 |
| 29 | The Reader, 책 읽어주는 누나 | 166 |
| 30 | 콜록콜록, 낱말 놀이 | 172 |
| 31 | 가장자리도 괜찮다 | 178 |
| 32 | 탁~차고 올라오는 거야 | 180 |
| 33 | 내가 나에게 보내는 108개의 명상 메시지 | 184 |
| 34 | 달려라, 분홍 | 202 |
| 35 | 나의 목소리는 라디오를 타고 | 208 |
| 36 | 자작나무, 공감과 위로의 연대나무 | 212 |

| 37 | 끝말과 애도의 품격이 있는 장례식 | 216 |
| --- | --- | --- |
| 38 | 우리는 지금 화담和談 숲이 되었소 | 222 |
| 39 | 애도의 틈, 한 땀 한 땀의 회복 | 228 |
| 40 | I Do, I Go, I Live | 232 |
| 41 | Becoming 비커밍 | 236 |
| +1 | 당신에게 드리는 시간의 선물, 틈 | 240 |

## 말을 걸며

내리막길 혹은 오르막길에서
숨 고르기를 하고 있는 당신께

> "
> 내가 기억하는 것이 설령 헛것 같은 것이라도,
> 나 하나쯤은 기억해주고 사랑해도 되지 않을까?
> 아픈 상실의 기억은 쓸모없음으로 버려야 하는가?
> 빨리 잊고 뒤돌아 바삐 가야만 잘 사는 것일까?
> 극복하지 않습니다. 서둘러, 잊지 않을 뿐입니다.
> "

 이 마음이, 7년 동안 상실과 애도의 시간을 통과해오며 내가 되어온 농밀한 이야기입니다. 매일 아침을 맞이하는 '하루'라는 선물에 감탄하며 그 시작과 끝을 돌리고 돌리다 보니 어느덧 회복의 작은 점$^{Node}$들이 찍혀있었습니다. 그 점들을 연결

하니 제 삶의 새로운 한 기둥이 세워지네요. 부서져 조각나버린 기둥의 파편들을 그러모아 말로, 글로, 몸으로 다시 이어봅니다. 어쨌든 '사람마다 다르니 그렇게 서둘러 잊지 않아도, 나의 애도가 좀 더 시간이 걸려도 괜찮은 거였어'라는 말을 걸며 당신에게 다가갔으면 좋겠습니다. 따뜻하게 입어도 왠지 시리기만 한 목덜미를 포근히 감싸주는 목도리처럼 말이죠.

누군가에게 짧은 애도 여행이 될 수 있기를…. 세상에서 가장 은밀하고 안전하게 상실의 기억을 떠올리며, 미처 못다 한 슬픔을 마주하고 표현할 수 있는 시간의 선물이 되었으면 참 좋겠습니다. 그간의 말과 글의 결을 매만지고 일부를 책으로 담아낸 시간은 묽고 느린 시간이면서 동시에 맹렬하고 빠르게 농축된 시간이었습니다. 덜커덩~소리를 내던 상실의 시대를 지나오며 이제는 달그락달그락~소리를 듣습니다. 제가 꾸릴 수 있는 삶의 반경 안에서 정직하고 성실하게, 과하지 않게 나다운 호흡으로 애도하며 회복하는 중입니다. 지난 몇 년 전보다, 작년보다, 어제보다 성장했습니다. 이제 막 반창고를 떼었기에 조심스럽습니다.

글쓰기는 제가 상실의 감정을 마주하며 애도란 무엇일까 탐구하고 질문하며 저의 대답을 찾아가는 하나의 플랫폼이었습니다. 제게 글쓰기란 종이나 컴퓨터 화면 위에서 저 자신과 대화하며 내면에서 일어나는 일을 펼치고 묶어 풀어내는 것이었습니다. 『서둘러, 잊지 않습니다』는 저의 첫 번째 책으로, 스스로 생을 마감한 동생, 트루를 떠나보낸 상실을 직면하고 애도하며 회복해가는 나 자신과의 갈등, 소통, 협력한 시간의 결실을 담고 있습니다. 상실의 시대를 어떻게 마주하며 어떤 삶을 살아낼 것인가를 질문하며 천천히 걸어온 이야기입니다.

격렬한 상실감과 인간으로서 느낄 수밖에 없는 애도의 감정을 '그러하다고 인정'하기까지 오랜 시간이 필요했지만 회피하지 않고 가까스로 세우고, 삶을 이어온 이야기입니다. 저를 비롯하여 우리 사회가 맞닥뜨린 사건을 애도하는 마음으로 바라본 이야기 조각들을 책이라는 그릇에 담아봅니다. 유년, 청소년기, 성인기를 지나오며 길을 잃고 방황할 때도 말을 걸어주며 저라는 인간의 DNA를 축적해 준 사물 역시 책입니다. 평범하게 흘러가던 세상이 팍! 소리를 내며 암전暗轉되어버린 순간들이 누구에게나 있습니다. 그렇습니다. 순식간에 블랙아웃$^{Blackout}$ 되어버린 시간의 끝에서 다시 사유하고 말하고 소통하며 슬픔과 마주할 수 있도록 도와준 것이 제게는 '책'이었습니다. 인생의 큰 사건을 마주 보고 질문하며 사유한 끄적거림입니다. 생각과 끄적임은 살아있음을 확인하는 일이었습니다. 이전에는 대한민국이 OECD 회원국 중 자살율 1위 국가라는 말을 들으며 안타깝기는 했으나, 그 주제는 제 인생의 주제가 아니었습니다. 그러나 자살생존자 즉, 자살유가족이 되자 타인의 삶이 내 문제로 치환되며 이전에는 보이지 않던 문이 보이기 시작했습니다. 이후로 자살, 상실, 애도는 제 인생에서 외면할 수 없는 주제어가 되었습니다. 자살유가족으로서 바라본 세상의 시선, 말, 글들에 때로는 혹독하게 아프고 참담하게 외롭기도 했습니다. '사람 책'을 만난다는 심정으로 자살유가족으로서의 자전적 이야기를 읽어보면 어떨까 합니다. '아, 자살유가족은 이럴 때 더 상처받을 수 있었겠구나. 이 사소한 말에 위로받을 수 있었구나' 그렇게 이 책을 '사람 책'으로 만나신다면 우리 사회의 그 흔한 사람들인 자살유가족들의 마음 한쪽을 읽는 시간이 되시리라 생각합니다.

아프고 슬픈 상실의 기억을 '쓸모없음'으로 버려야 하는가. 이 몹쓸 기억들을 다시 주워 의미를 부여하고 가치를 세워 삶을 재구성하고 싶었습니다. 그것은 비커밍$^{Becoming}$, 새롭게 내가 되어가는 시간이었습니다. 내면의 정원에 마구 던져두고 쌓아온 상실과 애도 이야기들을 다시 마주 보며 책이라는 플랫폼에 펼쳐놓기까지 수많은 질문과 망설임을 반복하다 결국 용기를 내어 움직이기로 했습니다. 마치 '제 내면의 화원에서 온갖 것들이 땅속에서 흙을 밀고 나오며 움직이는 것'과 같은 소곤거림을 세상에 내놓는 것이 제게는 '한겨울의 봄맞이'가 될 것입니다.

애도는 상실을 '다시 봄'입니다.

다시 마주할 힘. 애도력은 비탄의 수렁에 함몰되는 것을 넘어 재구성되고 확장되어 누군가의 어두운 골목길을 밝힐 것으로 생각하며 썼습니다. 얕게, 짧게, 가볍게 내보내자고 다짐했으나 부족한 역량으로 아쉬움이 많이 남습니다. 2017년 가을부터 2018년 현재까지 <상실과 애도>라는 꼭지로 글을 연재할 수 있도록 해 준 잡지 관계자들에게 감사드리며 그리고 대부분 제 글의 첫 독자들이었던, 앞으로도 오래도록 함께하고픈 소중한 인연들의 얼굴을 떠올리는 것으로 감사의 마음을 대신합니다. 함께 걸어주셔서 참, 고맙습니다. 남은 날도 같이 걸어가고 싶습니다.

이 책이 애도의 숲을 산책하며 보이고 느끼는 하나의 풍경으로 다가갈 수 있으면 좋겠습니다. 이 길을 함께 걸어가며 삶의 한쪽을 다시 세워나갈 분들에게 가장자리 산책자가 바치는 선물이 되기를 바라봅니다.

사랑은 그렇게
끝나지 않음을 생각하며
김도경

슬픔은
제 몫
만큼의
시간이 필요해

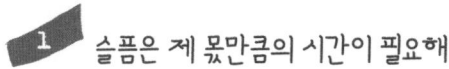

# 1 슬픔은 제 몫만큼의 시간이 필요해

바람이 스쳐 지나가도 머리칼이 날리는데 소중한 한 사람이 떠났는데 어찌 흔들리지 않고 견딜 수 있을까…. 그렇습니다. 삶은 수없이 흔들리며 꺾이고 넘어지다 성장하고 깊어지는 것임을.

'세월이 지나면 잊힌다', '잊어야 산다', '죽은 사람은 잊고 산 사람은 살아야지'라는 게 흔한 위로의 말이지만, 저는 '꼭 그래야 하나요? 내가 기억하는 것이 설령 헛것 같은 것들이라 하더라도 나 하나쯤은 기억해주고 사랑해도 되잖아요?'라고 묻고 싶습니다. 상실의 대상과 상실감은 시간이 흐른다고 자연스럽게 잊히는 것이 아니라, 남은 자가 애도라는 힘겨운 감정 노동을 통해서 그 강한 억압감에서 벗어날 때 비로소 받아들이는 것이 아닐까요.

살아감에는 다양한 힘이 필요하죠.

공부할 힘. 먹을 힘. 사랑할 힘. 버티는 힘. 져주는 힘. 수없이 많은 힘이 필요하겠지만, 살아갈수록 '삶을 가꾸는, 애도하는 힘'이 삶을 더욱더 깊게 바라보게 합니다. 애도는 어쩌면 잊기 위해서가 아니라 오히려 상실된 소중한 관계를 잊지 않기 위해서 하는지도 모릅니다. 인간은 사랑한 사람을 잊지 않기 위해 다양한 제의와 애도를 수행하며 앞으로 나아갈 수 있는 존재가 되어 온 것이 아닌가 싶습니다. 문학, 영화, 미술, 건축을 통해 인류는 그 애도의 감정을 표현해왔고 앞으로도 그러할 것입니다. 그래서 인류의 역사는 곧 애도의 역사라는 말에 절대 동의합니다. 그렇다면 소중한 이를 보내고 애도하는데 얼마나 시간이 필요한 것일까요.

상실의 슬픔은 대단히 사적인 경험이며 슬픔이기에 사적인 애도의 과정을 거치는 것이 마땅합니다. 똑같은 기간과 똑같은 감정으로 표준화하여 진행될 수 없겠지요. 저마다 다른 각자의 방식으로 표현할 수 있도록 자신을 또 상대를 포용하고 기다려줄 수 있으면 좋겠습니다. 왜냐하면, 슬픔에는 끝이 없고, 사랑에도 끝이 없음을 슬픔을 통해 이제 알았기 때문입니다. 슬픔의 진행 과정은 예측 불가능하죠. 몇 주, 몇 달, 몇 년이 지나든 시간은 무의미합니다. 마치 어제의 일처럼 슬픔이 들이닥치기도 합니다.

그래서 그렇게 바삐 서둘러, 잊으라고 하지 않아도 됩니다. 서둘러, 잊지 않아도 됩니다.

슬퍼하라. 충분히 슬퍼하고 다시 살아가자고 말하고 싶습니다. 상실이 일상이 된 시대입니다. 테러가 나고, 사고가 나고, 병마가 덮칩니다. 단지 현대사회가 더 위험해서가 아니라 상실은 불가피한 인간의 운명이기 때문이겠지요. 누구나 어느 시점에선 부모를 잃고, 형제자매를 잃으며, 친구들을 잃습니다. 또한, 사별만 상실이 아니라 연인과의 헤어짐, 실직, 이혼, 절교, 질환, 이사, 아끼던 물건의 분실 등 상실의 형태는 다양할 수 있습니다. 애도는 필수불가결한 생존의 기술입니다. 애도는 살아남아서 계속 가기 위해 필사적으로 통과해야 하는 마땅한 과정이라고 생각합니다. 제대로 애도하지 못한 상실의 감정은 훗날의 삶과 관계를 나도 모르는 채로 왜곡할 수 있습니다.

애도란 장례를 치르는 것과 비슷합니다. 우리가 어떤 죽음에 대해 장례를 치르지 않으면 감정적 비용이 발생할 수밖에 없어요. 그에 대한 죄의식, 증오 등이 표현되지 않는 방식으로 나한테 되돌아올 수 있습니다. 애도의 작업을 회피한다면 10년이 지난 후 그 상실의 경험이 수면 위로 떠 오를 수도 있는 겁니다. 과거의 상실이 어느 순간 증상을 만들어내면서 삶을 앞으로 나가지 못하게 한다면, 반드시 되돌아가는 작업이 필요합니다.

맹정현 『멜랑꼴리의 검은 마술』 중


전문가들은 애도는 단순한 슬픔이 아니라 슬픔을 실천하는 노동이라고 합니다. "슬픔이 하나의 정서라면, 통곡은 하나의 노동, 슬픔으로부터 빠져나올 수 있게 해주는 노동"이라고 맹정현 박사는 말했습니다. "애도를 통해 대상과의 분리를 받아들일 수 있게 되고, 그런 점에서 애도는 인간이 성숙하는 데 필수적인 과정"이라고 지적했습니다.

상실의 슬픔에 빠진 가족이나 친구를 바라보는 일 자체가 고통이기 때문에 사람들은 서둘러 '일상으로 돌아올 것'을 촉구하지요. 영어식 표현으로 'Just move on'이라고 합니다. 하지만 당사자에게는 '빨리 앞으로 나아가라'라는 재촉이 더욱 고통스러운 주문이 됩니다. 상실 초기에는 가장 서운하고, 자신의 슬픔을 전혀 이해하지 못하는 상대의 그 말에 섭섭함이 쌓여 끝내 멀어지는 경우도 많습니다. 진정한 사랑, 우정은 상실을 어서, 당장 극복하라고 재촉하는 것이 아니라 그에게 제대로 슬퍼할 시간을 충분히 가질 수 있도록 기다려주되, 그 곁을 묵묵히 지켜주는 것이 아닐까요.

> 돕는다는 것은 우산을
> 들어주는 것이 아니라
> 함께 비를 맞으며
> 함께 걸어가는
> 공감과 연대의 확인이라
> 생각됩니다
>
> 신영복 『감옥으로부터의 사색』 중

양말맨의
특별한
이별법

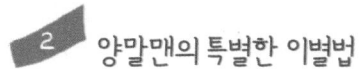

## 2 양말맨의 특별한 이별법

2018년 12월의 첫날, 한강에서 담수 작업을 하던 소방헬기가 추락해 안타깝게도 1명이 사망했다는 뉴스 시청 중에 속보가 떴습니다. '아버지 부시 대통령 향년 94세로 사망'.

속보를 보며 8개월 전인 지난 4월, 바버라 부시 여사가 92세로 사망한 기사를 읽다가 눈가가 촉촉해졌던 기억이 함께 떠올랐습니다. 당시 온라인 기사에서 내 시선을 잡아끈 이미지는 미국의 시사만화가 마셜 램지가 바버라 부시 여사의 사망을 애도하는 만화 컷이었죠.

가짜 진주목걸이와 백발의 곱슬머리가 트레이드마크인 바버라 부시 여사는 이웃집 할머니와 같은 푸근하고 소탈한 성품과 편안한 외모로 사랑받아왔습니다. 그녀가 세상을 떠난 후 애도 물결이 이어지는 가운데 그가 그린 한 장의 만화가 소셜미디어에 올라오자 수많은 이들이 잔잔하고 따뜻한 그의 애도에 위로를 받았다는 기사였습니다.

　구름과 날개, 머리 위 후광이 비치는 천사 이미지만으로도 죽음, 천국이라는 이미지를 떠올릴 수 있는 삽화였는데 날개를 단 바버라 부시 여사의 표정과 하트, '로빈'이라 소리쳐 부르는 듯한 큼직한 말풍선으로 사후세계의 반가운 만남을 표현한 것임을 가늠할 수 있었습니다.
　바버라 부시를 향해 '마마'라고 부르며 힘껏 달려가는 작은 아이의 뒷모습, 과연 로빈은 누구일까 궁금해하며 기사를 읽었고 이내 코끝이 찡해졌습니다.

　부시 대통령 부부는 1945년 결혼해 4남 2녀를 두었으나, 둘째이자 첫 딸이던 로빈을 백혈병으로 잃는 아픔을 겪었다고 합니다. 바버라 부시의 새하얀 백발이 나이가 들면서 자연스레 진행되었을 것으로 생각해왔으나 가슴 아픈 사연이 있었던 것이죠. 부시 여사는 20대 후반 어린 딸, 로빈의 투병 과정을 지켜보며 스트레스로 짧은 기간동안 머리가 하얗게 탈색됐다는 것입니다. 어린 자녀의 투병과 죽음으로 인한 그 심적 고통과 안타까움이 그대로 전해졌습니다. 하룻밤 사이에 백발이 되었다는 이야기도 있습니다. 의학적으로 가능한 것인지는 모르겠으나 극심한 스트레스로 인해 머리카락이 갑자기 하얗게 변하는 현상을 '마리 앙투아네트 증후군<sup>Marie Antoinette Syndrome</sup>'이라 한답니다. 프랑스의 마리 앙투아네트 왕비가 프랑스 혁명 기간에 체포되면서 머리카락이 하얗게 변한 것에서 비롯되었다고 전해지는 증후군입니다.

딸이 암으로 세상을 떠난 후 어린이 암 연구와 치료법 개발을 물심양면으로 꾸준히 지원하는 활동을 해온 것으로 유명한 부시 여사는 만화 속의 딸 로빈의 곁에 묻혔다고 합니다. 만화가는 생전 바버라의 삶에서 가장 안타까웠을 사연을 추모하며 그녀가 딸과 하늘나라에서 재회하는 행복한 모습을 그리는 것으로 애도한 것입니다. 너무 이른 작별을 한 엄마와 딸을 만나게 해주고 싶은 마음, 그의 사려 깊은 애도가 참 고마웠습니다. 구름 위에서 서로의 이름을 부르며 두 팔을 활짝 벌려 온몸으로 서로에게 다가가는 모습은 이승에서 사랑하는 사람과 헤어짐을 아쉬워하는 많은 이들에게 큰 위로와 잔잔한 감동을 주었습니다.

며칠 후 또 다른 기사에 마음을 빼앗겼습니다. 이번엔 바버라 부시 여사의 장례식 사진이었습니다. '국민 할머니' 바버라 부시 여사의 장례식에 등장한 남편 조지 H.W.부시 전 대통령의 양말에 전 세계의 시선이 쏠렸습니다. 평소 독특한 양말 코디로 유명한 조지 부시 전 대통령은 자신을 '양말맨$^{Socks\ man}$'이라 부를 정도라고 합니다.

짙은 회색 양복 바짓단 아래로 드러난 조지 부시의 양말에는 빨강, 노랑, 파랑 등 알록달록한 책 그림이 그려져 있었습니다. 이 양말은 존 크로닌이라는 다운증후군을 앓는 청년 양말 사업가가 선물한 것으로, 부시는 그에게 직접 연락해 아내인 바버라 부시의 장례식에 신고 갈 양말을 특별히 부탁했다고 합니다. 존이 고심해 책을 테마로 한 양말 몇 켤레를 애도 편지와 함께 보냈고, 부시는 생전 문맹 퇴치에 힘썼던 아내 바버라의 활동을 기리는 의미로 장례식 당일 책 그림 양말을 골라 신었다고 전해졌습니다. 잔잔하면서도 아름다운 방식으로 아내 바버라 여사의 삶과 죽음에 대한 경의를 표현한 남편 조지 부시의 이별법에 뭉클함과 유쾌함이 동시에 전해졌습니다.

정치적 행보에 대한 견해를 뒤로하고, 73년의 삶을 함께

해 온 동반자를 떠나보내는 상실의 슬픔 너머 상대에 대한 깊은 이해와 존중심을 느끼게 한 양말맨, 부시 대통령이 마지막 떠나는 길에 남은 자들은 그를 애도하며 어떤 양말을 선택할 것일까. 문득, 나는 어떤 모습으로 남은 자들에게 기억되고 싶은가. 남은 자들은 어떻게 나를 떠나보낼까를 생각하게 한 사연이었습니다. 생전 바버라 부시 여사의 말이 새삼 떠오릅니다.

> "
> 나는 내가 살고자 하는 삶을 선택했다.
> 굉장히 신나고, 재미있고, 몰두하는 삶이었다
> "

헛것들을
기억하고
사랑함

### 3  헛것들을 기억하고 사랑함

라디오에서 '라스 폰 트리에' 감독의 영화 <어둠 속의 댄서Dancer In The Dark>의 OST 중 가수이자 배우인 비요크가 부른 노래 <I've seen it all>이 흐릅니다.

뚝. 바삐 작업 중인 손을 멈추었습니다.

어느 일요일 한낮에 이 영화를 보며 캔맥주와 오징어땅콩을 먹으며 함께 이야기를 나눴던 얼굴이 떠올랐기 때문입니다. 거실로 들어오던 오후의 나른한 햇살을 환하게 받으며 이 영화의 어떤 점이 좋은지 특히, 주인공 '셀마'로 분했던 아이슬란드 출신의 배우이자 뮤지션인 '비요크'의 묘한 매력에 관해서 이야기하던 중 그에게서 튀어나오던 침이 포물선을 그리며 내게로 날아오던 풍경까지 생생합니다. 이내 그 얼굴은 4~5살 정도의 아기로 돌아가 바로 위 누나인 저를 '웅아'라고 부르며 뒤꽁무니를 졸졸 따라옵니다. 어릴 때 '누나'라는 발음을 못 해서 변형된 발음인 '웅아'라고 부르는 습관이 굳어져 성인이 된 20대 후반까지도 그렇게 불렀었지요.

약 5분 15초 정도 음악이 흐르는 동안 노래의 배경이 되는 철길 장면, 안경을 벗어 던지던 셀마의 얼굴에 동생과 함께한 일요일 오후의 한가롭고 다정했던 시간이 이어지다 제 손가락의 황갈색 사각 반지를 바라봅니다. 동생의 유품 중 하나입니다. 저는 동생의 유품을 모두 없애지 않았습니다. 일부 유품들은 '정리'라는 명분으로 버리는 대신 제게로 옮겨왔습니다. 그렇습니다. 옮겨온 것입니다.

제가 즐겨 하는 반지나 목걸이를 보고 '어머, 이쁘네요' 혹은 '오, 멋진데요'라고 하시던 분들에게 남동생의 유품이라고 말하면 대체로 비슷한 분위기가 감지됩니다. 다 그렇다고 할 수는 없겠지만 가족이라도 망자亡者, 더욱이 스스로 생을 마감한 이의 물건을 착용하는 것에 대한 생경함 혹은 불편함을 느낄 수 있는 상대의 생각도 존중하고자 합니다. 다만, 이 옮김은 애도 행위의 하나로 오히려 저에게 상실의 현실을 받아들이게 했습니다. 반지 주인의 부재를 통해 그 존재를 더 크게 인식하며 죽음에 대해 더 겸허하게 삶을 더욱 존중하고 열망하게 하는 단계로 전환하게했습니다.

떠난 자들은 또 다른 모습으로 존재한다고 생각합니다. 자신의 부재를 통해. 또한, 떠난 자들은 남은 이들과 다양한 접점에서 연결되어 있고 사회관계도 유지하고 있습니다. 부재와 존재의 양 날개로 그렇게 살아남은 자들의 상상과 기억 속에서 이어져 살고 있습니다. 상실의 대상이 남은 자에게 깊은 고랑을 만들어두고 다녀간 흔적을 인생의 역사에서 말끔히 지워내는 것이 최선이라고 할 수 있을까요. 설령 '헛것'이라 할지라도 '헛것'이라 여기지 않고 살아가려 합니다. 이제 와 무슨 소용이냐고 말하지도 않으렵니다.

2017년 10월 조진호 부산 아이파크 프로축구 감독이 사십 대 중반의 나이에 심장마비로 별세하며 스포츠계는 큰 상실의 슬픔에 빠졌습니다. 생전의 조진호 감독과 같은 방을 썼던 이승엽 감독대행이 숙소에 남아있던 조진호 감독의 속옷을 입고 K리그 결승전을 뛰었다고 합니다. 경기가 잘 풀리지 않으면 하늘에서 보고 있을 조감독을 생각했다고 하죠. 그 기사를 읽으며 그를 사랑했던 선수들의 마음이 오롯이 전해졌습니다. 혹자는 '헛것'이라고 말할지도 모릅니다. 저는 저마다 다른 방식으로 상실의 과정을 통과하며 기억 저장소를 운영하는 것으로 생각하고 싶습니다. 제 방식을 타자에게 강요하지 않으려 하는 것처럼요.

실제 전시를 관람하지 못했지만 박영택 교수의 『애도하는 미술』에서 사진으로 본 박윤영 작가의 '지팡이'라는 제목의 설치 작품이 제게는 무척이나 서정적으로 다가왔습니다. 작가는 외할머니의 죽음과 상실감, 할머니에게 지키지 못한 약속에 대한 미안함으로부터 작업이 시작되었다고 합니다. 작가의 외할머니는 허리가 굽고 보행이 힘들어 늘 지팡이를 사용하셨는데, 가늘고 딱딱한 지팡이 하나에 매달리듯 의지해 걸으셨나 봅니다. 손녀에게 지팡이 끝부분에 천을 덧대 달라고 부탁을 하셨다고 합니다.

"지팡이가 땅에 닿을 때 소리가 나지 않고 울림이 적도록"

할머니에게 한쪽 끝을 천으로 덮어드린다고 약속했으나 그만 잊었다. 마지막으로 뵌 몇 주 뒤 외할머니는 돌아가셨다. 끝내 지팡이의 끝부분에 헝겊을 대드리지 못한 자신을 책망했다. 외할머니와의 약속을 지키지 못한 죄책감과 자신의 게으름에 대한 후회, 그리고 이제는 없는 외할머니에 대한 그리움이 동시에 몰려왔다. 대나무 지팡이를 만들고 그 바닥을 각종 헝겊으로 감싼 후에 전시장 천장에 가득 매달아 수십 개의 지팡이가 허공에 띄웠다. 할머니의 부재 즉 '사라짐'에 대한 손녀이자 작가로서의 애틋하고 아련한 감정을 투영하고 있다.

박영택 『애도하는 미술』 중

작가는 지팡이에 색색의 헝겊을 덧대며 애도와 회복의 시간을 통과해 갔으리라 생각합니다. 이 전시를 다시 연다면, 꼭 직접 보고 싶다는 마음이 들었습니다. 주체적이면서도 필사적인 회복은 오히려 그 헛것들이 자연스럽게 소환될 때 굳이 세찬 도리질로 밀어내지 않고 바라보며 기억하고 애도하며 살아가는 것이라 생각합니다.

# 자기 검열의
수레바퀴를
돌리며

## 자기 검열의 수레바퀴를 돌리며

저는 자기 검열의 강도가 비교적 높은 사람입니다.

특히, 자살유가족으로서 말을 하고 글을 쓰고, 행동할 때 자기 검열의 감수성은 매우 높아집니다. 그 감수성을 애써 무디게 가질 생각도 없습니다. 서울시자살예방센터가 주관하는 자살예방캠페인에서 자살유가족으로서 15초 라디오 공익광고에 목소리 기부를 하면서도, 자살예방 활동을 활발히 진행하는 공익단체에서 제안한 자살유가족들의 회복을 돕는 다큐멘터리에 출연하는 과정에서도 저 자신에게 묻고 답하며 왜 해야 하는지, 이 선택이 적절한지 지겨울 정도로 묻고 또 묻습니다. 내적 검열의 수레바퀴를 돌리며 그 바퀴가 한쪽으로 너무 기울어지지는 않는지 끊임없이 묻고 답합니다.

저 자신이 당사자인 유가족이기도 하지만 최대한 그들의

시각에서 다시 생각하려고 노력했습니다. 자조 모임에서 유가족 한 분 한 분들의 사연들을 들으면서 저마다 아픔의 결과 깊이가 다름도 깨닫게 되었습니다. 제가 그분들과 일체가 된 감정선을 따라가다 보면 그분들을 감싸줄 시선을 잃어버리고, 좀 더 동떨어진 감정선을 따라가면 그분들이 제 말에 공감할 수 없어서 적절한 거리의 감정선을 이어가는 것이 중요했습니다.

들어주고 함께 울어주는 것이 가장 큰 위로임을 깨달아가면서 궁극적으로 위로받는 사람이나 위로하는 사람이나 굳이 구분할 필요도 없는 것 같습니다. 그 흔한 사람들, 우리는 성장통을 앓는 아이처럼 힘겨운 시간을 건너가야 합니다. 누가 시키지도 않은 이 과정을 왜 선택했을까. 지금이라도 언제든 멈춰도 된다고 스스로 말하지만 이미 방향성은 정해졌습니다. 내 마음의 북소리를 따라가야 함을. 그게 내가 되는 길임을 압니다. 부표의 감수성을 더욱 공고히 다지고 두드리며 가야 함을.

샤넬 18
Rouge
Noir
매니큐어

## 5  샤넬 18 Rouge Noir 매니큐어

오래도록 기억에 남을 특별한 선물을 받았습니다. 언제든 떠올리면 입가에 미소를 짓게하는 선물입니다. 2016년 한 해 동안 세 번의 교통사고에 이어 2017년 목욕탕에서 미끄러져 넘어진 골절상 후유증으로 몇 차례 수술을 받았습니다. 병상에서 마흔일곱 번째 생일을 맞은 저를 찾아온 친구가 작은 종이 가방을 병실의 침대에 슬쩍 올려 놓습니다.

포장 상자를 열자 <샤넬 18 Rouge Noir>라는 이름의 암적색 매니큐어와 눈이 마주쳤습니다. 순간 '쿵'하는 소리가 제 심장을 내리칩니다. 이어 머리를 땅~치고 눈가를 핑~ 돌게 하더니 코끝을 시큰하게 내리꽂아 휘감으며 심장의 뒷덜미를 먹먹하게 훑고 지나갑니다. 언젠가 손톱을 예쁘게 다듬은 다른 친구의 손톱을 바라보다 무심하게 툭 던졌던 제 말을 기억하고 이리저리 고민하다 건넨 선물이라는 것을 알아차렸기 때문입니다. 유명한 브랜드라 알고 있었지만 한 번도 사 본 적도 없고 갖고 싶다고 욕심을 부려보지도 않았습니다.

"예전에는 이따금 매니큐어를 바르곤 했는데 남동생이 안타깝게 세상을 떠난 이후로는 힘들어하던 동생 손을 잡아주지 못한 내 손이 너무 부끄러워서 이제는 못 하겠어…."

친구는 제 말을 가슴으로 공감하고 기억해 준 것입니다. 상대가 내밀하게 위로받고 싶었던 아니, 위로받을 엄두조차 내지 못했던 '터치 포인트'를 포착한 것이지요. 그것을 기억해 선물을 챙겼을 친구는 제가 무심코 던진 한마디를 가슴에 새긴 것입니다. 또한, 저를 위로하기 위해서 매장을 찾았을 친구의 발걸음이 다시 제 가슴에 새겨졌습니다.

선물을 받고 매니큐어의 뚜껑도 열지 않고 마주하며 관찰했습니다. 사각의 투명하고 작은 유리 몸에 붉은 와인을 머금은 듯한 모습을 감상했습니다. 손톱 꾸미기라는 '행위'에 담긴 정서적 억압의 감정에 맞불을 피우듯 핏빛 빨강의 매니큐어로 저의 깊은 상실감을 건드린 친구의 헤아림을 되새김하면서요.

3개월 후 드디어 매니큐어를 발랐습니다.

송년회가 한창인 2017년 12월 15일, <품>이라는 주제로 열린 한국긍정심리강점전문가협회 긍정교육분과의 '품데이' 행사에 참석하면서 드디어 뚜껑을 열었습니다.

특강 <품어둔 애도 이야기_Be the Voice>의 강연자로서 행사 드레스코드인 '노랑'과 선물 받은 '암적색'을 화려하게 열 손가락에 바르고 말입니다. '애도'라는 단어만으로도 무거워질 수 있는 분위기라 최대한 노랑과 빨강으로 물든 제 손가락을 내보이며 가볍게 강연을 시작했습니다. 그 강단엔 단지 저 혼자가 아니라 제 친구가 응원하며 함께 서 있는 것이나 마찬가지이기 때문에 어느 때보다도 더 자신 있게 강의를 할 수 있었습니다. 80분이라는 공식적인 시간을 통해 자살유가족임을 처음으로 커밍아웃하는 의미 있는 강연이었습니다. 몇 개월 전에 제안을 받았고, 어렵사리 결정했지만 날이 다가올수록 '공식적인 자리에서 말해도 되는 걸까?', '사람들이 많이 불편해하지는 않을까?', '나를 바라보는 사람들의 시각이 어떤 편견으로 왜곡되지는 않을까', '지금이라도 없던 일로 할까?'라는 번잡한 생각들이 몇 번씩 저 밑바닥에서 올라오곤 했습니다.

    암적색 매니큐어는 그 내면의 갈등을 딛고 앞으로 한 발 일어서게 하며 대중 앞에서 내가 누구인지, 나는 무엇을 하려는 것인지, 나와 같은 자살유가족들의 마음에 대해서 입을 열어 말한 원동력이 된 선물입니다. 상실의 슬픔으로 힘들어하는 가족, 친구에게 마음을 전할 수 있는 선물은 '마음으로 보는 관찰'이라는 따뜻한 진실을 깨닫게 해주었습니다. 따뜻한 관찰은 위로의 시작이 될 수도 있습니다.

sfumato
스푸마토,
그
스며듦

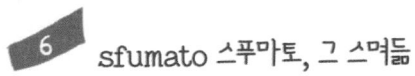

## 6  sfumato 스푸마토, 그 스며듦

'스푸마토'라는 단어를 매우 좋아합니다. 문화콘텐츠 기획자로서 어떤 문화콘텐츠를 만들고 싶은가? 라는 질문을 저 자신에게 던지며 찾아낸 단어입니다. 문화란 어느 날 갑자기 '이것이 옳다. 이렇게 살아라!' 한다고 살아지는 것이 아니라, 필요와 충분의 진동을 거듭하며 가장자리에서부터 서서히 자연스럽게 물들어 가듯이 감응하고 응답하던 일상들이 축적된 것이 아닌가 싶습니다. 콘텐츠 기획 시 중요한 방향성도 그런 것이었습니다. 잉크를 흰 종이에 꾹 눌러 가만히 바라보면 서서히 배어들어 마침내 서로 떨어뜨릴 수 없이 스미는 것처럼.

스푸마토는 '연기처럼 사라진다'라는 이탈리아어 '스푸마레'를 어원으로 한 르네상스 시대의 회화기법으로, 오랫동안 여러 번에 걸쳐 물감을 덧칠해 색과 색 사이 경계의 윤곽을 흐

릿하게 표현하는 것입니다. 매우 섬세한 붓질로 안료의 두께를 미세하게 조절하여 부드럽게 처리하는 것이 중요한 기법으로 전합니다. 대표적인 작가가 레오나르도 다 빈치[Leonardo da Vinci]이고, 그 유명한 <모나리자>가 스푸마토 기법으로 탄생한 작품입니다. 파리 루브르 박물관에 있는 <모나리자> 앞엔 언제나 수많은 관람객이 북적입니다. 그림 앞에 서면 마치 영혼이 깃들어 살아있는 여인의 얼굴과 시선을 보는 듯한 신비로운 느낌입니다. 한편, 희미하게 미소 짓는 눈과 입술은 평화롭고 행복해 보이면서도 어찌 보면 슬픈 미소로도 보입니다.

단어의 어원과 다양한 뜻을 이해하고 이리저리 풀어내고 조립하는 것을 좋아하는 저는, '스푸마토'의 철자 하나하나에 새로운 단어와 의미를 부여해봅니다. 그러다 보니 '상실로부터의 사색', '애도의 탐구'를 통해 '필사적 회복'을 해나가는 제 삶의 정체성을 표현하는 단어로도 말할 수 있겠다 싶었습니다. sfumato에서 가장 중요하게 선택한 철자는 [f] 입니다. 고심하다 저는 프레임[Frame]의 의미를 부여했습니다. 시선은 곧 사유가 되고 삶이 되기 때문입니다. 나에게 일어난, 일어나고 있는, 일어날 수 있는 다양한 상실의 상황을 어떻게 바라볼 것인가는 살아가면서 굉장히 중요한 프레임이라고 생각합니다. 상실 후 가능한 한 빨리 잊는 것이 최선의 방법이라고 하는데, 저는 그 세상이 말하는 프레임에 동의하기가 어려웠습니다. 그 방법은 제게 진정한 회복을 주지 못했습니다. 상실과 회복 사이에 '시간이 지나면 다 괜찮아져'라는 말도 제게는 와닿지 않았습니다. 그렇게 저는 세상에 필사적으로 회복하고자 하는 새로운 나를 위해 sfumato를 선사합니다.

○ ○ ○ ○ ○ ○ ○
S.F.U.M.A.T.O

○
**Space**

인류의 이야기는

시간과 공간의 두 개의 축으로

끊임없이 연결되고

재생산되며 확장된다.

○
**Frame**

개인과 공동체,

사회가 어떤 시선으로

관계와 세상을 읽느냐에 따라

세상의 축은 달라진다.

시선은 사유다.

프레임 너머를 보는

사유가 필요하다.


○
**Universal**

다양성의 요구는 거세게 촉발되고 있다.

소수의 이야기에 귀를 기울이고

함께 사회 혁신을 촉발해나가는

배려와 공감의 보편타당한 콘텐츠를 지향한다.


○
**Mutual**

연대하며 함께함으로써

개인과 공동체의 상생의 가치는 더욱 높아지고 넓어진다.

○
**Awareness**

문제의식을 느끼고

문제를 해결하는 행동력으로

이어지는 탄력성있는 감수성으로

세상과 사람을 본다.


○
**Terminal**

물질적 또는 비물질적 플랫폼에서

삶은 끊임없이 만나고

펼쳐내고 흩어진다.


○
**Ordinary**

점이 없는 선과 면은 존재할 수 없다.

개인과 공동체의 일상의 주요 가치가

지속 가능하다는 것은

존엄한 회복력과 연결된다.

이
아름다움은
저절로
생긴 것이
아니다

이 아름다움은 저절로 생긴 것이 아니다

500ml 생수병을 들고 마시다 라벨에 붙은 붉은 동백꽃에 시선이 멈췄습니다. <4·3 70주년 2018 제주방문의 해> 타이틀 디자인에 스며든 동백꽃. 딱히 꽃을 좋아하지 않지만, 그래도 좋아하는 꽃을 말해보라고 한다면 스무 살 초반부터 '그렇다면, 동백꽃'이라고 말해왔습니다. 동백꽃 자체를 관찰해보면 해풍을 맞으면서도 그 붉고 화려한 꽃을 피워냅니다. 하지만 꽃이 진다는 말이 무색하리만큼 허망하게 순식간에 떨어져 버려서 대중가요에서 애잔한 슬픔의 상징으로 표현되기도 합니다.

제주에서는 동백꽃을 피하는 경향이 있었다고 하죠. 온전한 상태에서 툭~툭~ 떨어지는 꽃송이에서 목이 잘리는 불길한 모습이 연상되었기에 4·3사건이라는 집단적 트라우마를 겪어온 제주인들이 멀리하게 됐다고 전해집니다. 붉게 새겨진 활자에 당시 제주인들이 동백꽃 지듯이 차가운 땅으로 툭툭

쓰러져 갔을 아픈 역사가 다시금 몰려옵니다. 사상이 무엇인지도 모르는 아이들에게 노인들에게도 사상이라는 굴레를 씌워서 같은 민족인 누군가의 아들과 누군가의 엄마와 아빠와 누나 형들을 무참하게 살해했습니다. 전쟁보다 더 잔혹한 학살이라는 것이 명백한 사실임에도 그것을 학살이라고 말하지 못하고 살아온 세월이 너무도 길었습니다.

동백꽃에 대한 인식으로 '이 물은 제주의 어느 지역으로부터 왔을까?' 하는 궁금증이 문득 일어나 생수병을 천천히 돌려 읽어봅니다. '제주특별자치도 제주시 조천읍 남조로' 아…. 조천. 제주 여행 시 만났던 조천 북촌리 너븐숭이와 애기무덤을 보며 한 문장이 떠올라 제주의 물 한 모금을 마시다 기어코 먹먹함이 목으로 밀려오고야 맙니다.

"이 섬 출신이거든 아무나 붙잡고 물어보라.
필시 그의 가족 중에 누구 한 사람,
아니면 적어도 사촌까지 중에 누구 한 사람이
그 북새통에 죽었다고 말하리라."

현기영 『순이삼촌』 중

매년 1,500만 명이 방문하는 국제적인 관광지 제주. 최근에는 해마다 15,000명 이상이 아름다운 경치와 쾌적한 생활을 누리기 위해 제주로 '자발적 유배'라는 이름을 붙이며 이주하고 있다고 합니다. 저에게 제주는 2016년 한 해 동안 일어난 여러 번의 교통사고로 그야말로 너덜너덜해진 몸과 마음의 휴식과 회복이 간절하던 그해 늦가을, 하던 일을 올스톱하고 휘적휘적 찾아간 곳입니다. 21일이라는 시간을 제주에 머물렀습니다. 제주와 서귀포의 게스트하우스를 유랑하듯 옮겨 머무르며 아름다움 그 너머 알알이 박힌 제주라는 땅과 제주인들의 비통한 이야기, 대한민국 현대사의 부끄러움과 아픔이 서려 있는 장소들을 찾아다녔습니다. 작정하고 다크 투어리즘 Dark Tourism 재난 현장이나 참사지 등 역사적인 비극의 현장을 방문하는 여행을 계획한 동선이 아니었으나 저의 관심사를 따라 다니다 보니 결국은 상실과 애도의 공간 여행이 되었습니다.

조천읍 북촌리 너븐숭이, 다랑쉬오름, 정방폭포, 함덕 해변, 중산간 마을, 성산 일출봉과 천지연폭포. 7년 7개월간 이어진 '4·3사건'으로 3만여 명(확인 희생자 2만 명)이 희생된 제주의 유명 관광지는 거의 모두 4·3 유적지라고 해도 과언이 아닐 정도였습니다. 제주도 전역이 4·3이 남겨 놓은 '땅의 흔적'이라는 의미입니다. 그러나, 이 비극적인 역사적 사실을 귀와 눈, 생각을 열어 인식하지 않고서는 동시대에 같은 장소를 봐도 그 아름다움 너머가 보이지 않을 것입니다. 또한, 그 너머를 보지 않고서는 제주도와 제주도인들을 온전히 이해하기 어렵고, '제주도 사람들은 섬사람들이라 배타적이야'라고 혹자는 함부로 말할 수 있습니다.

아름답고 평화롭게만 보이는 제주의 바닷가와 개성 있는 박물관, 예쁜 카페로 가득 찬 섬의 뒷모습에 스며있는 4·3의 아픈 상처와 역사는 아직도 천천히 회복 중입니다. 대한민국 현대사에서 한국전쟁 다음으로 인명피해가 많았던 비극적인 사건으로 진상규명이 되기까지 반세기가 넘게 걸린 슬픈 역사적 장소입니다. 당시의 목격자, 희생자 가족 그로 인한 개인의 역사적 고통이 여전히 남아있어 지나간 혹은 종결된 역사 이야기일 수 없습니다. 우리는 아직 동시대의 제주를 살고 있으니까요. 『순이삼촌』의 문장으로 보듯 제주 사람들 대부분은 제주 4·3과 직간접적으로 연관되어 있다는 사실을 떠올린다면 더더욱.

2018년 <제주 4·3 이젠 우리의 역사>라는 특별전이 진행 중이던 지난 6월 2일, 서울 광화문 한복판에 있는 대한민국 역사박물관 로비에서 특별한 토크콘서트가 열렸습니다. 정치적으로 엄혹했던 시절 지하에 묻힌 제주 4·3사건을 1989년부터 1999년까지 10년 동안 무려 7,000명에 달하는 증언자 채록 작업과 500회 가까운 연재로 한국언론사의 신기록을 세운 탐사보도의 주인공들을 만나는 콘서트였습니다. 맨 앞자리에 자리 잡게 된 저는 김종민 前 4·3 위원회 전문위원 강연자의 이야기를 통해 역사에 대한 기억과 이해, 그리고 희생자에 대한 존중과 올바른 애도의 중요성을 깊이 공감하며 심장이 먹먹했습니다.

한 발짝 더 깊이 들어가 보면 제주 4·3은 특정 지역의 모습이라기보다 그 안에서 전개된 역사, 그리고 그 역사를 침묵하지 않고 소설로, 그림으로, 시로, 기사와 기록 등 인간이 표현할 수 있는 모든 문화적 방식으로 표현하고 애도해 온 목소리들이 있었기에 이젠 우리가 비로소 함께 마땅히 기억해도 되는 역사가 되어가리라는 확신이 들었습니다. 지금 이 순간, 우리가 만나는 제주의 이 아름다움은 저절로 생긴 것이 아니라 70여 년 전 깡그리 불타버려 아무것도 남지 않았던 폐허의 땅에서 당시 열 살 소년, 소녀들이 고사리 같은 손으로 다시 일으켜 세우고 지켜온 아름다움이니 그것을 부디 함께 기억해달라는 묵직하면서도 담담한 그의 목소리가 오래도록 여운이 남았습니다.

콘서트가 끝나고 행사 사전예약 선물로 받은 동백꽃 배지를 왼쪽 옷깃에 달았습니다. 걸음을 옮길 때마다 빨간 동백꽃 한 송이가 저의 심장에 매달려 자신을 기억해달라고 하는 것만 같습니다. 카페로 와서 배지를 떼어 그려봅니다.

'제주의 아름다움은 힘이 세다'라며 무엇인가를 표현하고 싶었는데, 아마도 그 순간에 할 수 있는 '헌화'가 아니었을까 싶습니다. 제주를 찾을 때마다 자주 가게되는 봉개동에 있는 제주 4·3 평화공원의 기념관 전시실은 비통하면서도 아름답습니다. 기획자의 눈으로 봐도 매번 감탄스럽습니다. 진혼을 넘어 스스로 화해와 평화가 되고자 한 제주의 아름다움은 저절로 만들어진 것이 아니라고 힘주어 전하는 장소입니다.

# 흔적 찾기,
# 돌려세우기
# 위함이었다

## 8 흔적 찾기, 돌려세우기 위함이었다

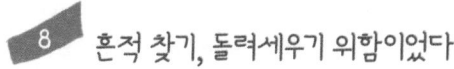

　　그렇게 트루가 떠난 후, 충분히 추스를 시간적, 공간적 여유가 주어지진 않았습니다. 장례가 끝나자마자 일상으로 복귀해 일해야 했고, 죽음 이후의 행정적 절차부터 유품 정리 등 크고 작은 일들을 처리해내기에도 턱없이 부족한 날들이었습니다. 직장에서는 예전의 내 모습 그대로 흐트러짐 없이 일을 해야 한다는 강박과 옆집에 사시는 부모님을 실제로 잘 챙겨드리지도 못하면서 살펴야 한다는 부담감만 앞섰습니다. 엘리베이터를 타는 짧은 순간에도 울컥 눈물이 나고, 동료들과 왁자하게 밥을 먹다가도, 치열하게 회의를 하다가도 트루의 모습과 목소리, 기억은 내 의지와 상관없이 수면 위로 불쑥불쑥 떠 올라 휘청거리게 했습니다. 그러던 중 저는 구체적인 흔적들을 찾아 나서기로 했습니다. 생각을 분리할 수 없다면 트루의 떠남을 이해하는 작업에 적극적으로 몰입할 때 내가 지고 있는 슬픔의 무게가 차라리 조금이라도 가벼워지지 않을까 하는 마음으로요. 온전히 표현해낼 수 없는 슬픔과 격정적인 혼란의 감정을 버티게 해 준 것은 그런 선택을 했던 내면의 고통을 파악하고 그 근원을 이해하고자 한 '흔적 찾기'였습니다.

트루에게 무슨 일이 있었던 것인지 이해해야 한다는 강박 관념에 퇴근 후에도 책상 앞을 쉽게 떠날 수 없었습니다. 점심 시간에도 밤에도 주말에도 자살에 대해 다룬 책과 기사를 집요하게 읽고, 활발하게 활동했던 온라인 동호회 카페 사이트에서 연관 검색어로 시간 정렬을 바꿔가며 동생의 게시물을 파헤치듯 탐구해 나갔습니다. 글을 읽으며 내가 아는 사실과 가설들 사이에 겹치는 부분을 찾아내고야 말겠다는 심정으로요. 집착에 가까운 활자 읽기였습니다. 어떤 책임감이 저를 절박하게 만들었고, 제 삶을 지속하기 위해서라도, 시간을 되돌려 동생이 왜 스스로 삶을 끝냈는지, 제가 그걸 막을 수 있지는 않았는지 알아야 했습니다. 트루의 심리적 동선과 실제적 동선의 퍼즐들을 잘라내고 붙이고 잇고 재구성해내던 시간을 3개월 이상 지속하던 어느 날, 저는 멈췄습니다.

내가 지금 무엇을 하는 거지….

죽은 사람의 의도를 심리학적으로 재구성하는 이른바 '심리적 부검'을 통해 자살 행동과 연관된 심리적 측면을 밝혀내는 연구자도 아닌 내가 지금 대체 무엇을 하는 거지…. 그래서 무엇을 할 건데….

If…. 부질없는 시간의 수레바퀴를 되돌려도 지나간 시간과 상황을 본래 모습으로 돌려세울 수 없다는 것을. 그리고 더 큰 자각은 이 '흔적 찾기'는 어느 때, 어떤 식으로든 제게 보냈을 도움의 요청을 미처 알아채지 못하고 손을 내밀어 붙잡지 못했다는 자책감 때문이라는 것을 말이죠. 그 상황 이전으로 돌려 세워서 제게 도움을 요청한 그 순간에 제가 붙잡았어도 돌이킬 수 없는 상황은 같았을지도 모른다는 내 알량한 회피감이 더 크게 자리 잡고 있다는 자각이었습니다. 어쩌면 그때 저를 버티게 할 수 있는 일이 그것밖에 없었을 수도 있습니다. 무언가 해야 했었기 때문입니다.

돌이켜 생각해도 그때의 시간이 무의미했다고 생각하지

는 않습니다. 대단히 격렬할지언정 압축적으로 제가 알던 동생의 또 다른 삶의 모습과 언어, 그가 좋아하는 관계들을 알게 되었고, 어떤 삶을 추구했는지 남겨진 다이어리와 카페의 게시글, 사진으로 다른 면모를 읽을 수 있었기 때문입니다. 트루가 사람들과 함께했던 흔적들을 들여다보다가 상실감이 덮쳐와 한밤에 숨죽이고 눈물을 흘렸던 밤이 여러 날이었지만 말입니다. 특히, 온라인 카페의 사진과 글을 보면 돌연 너무도 생생하게 거기에 아직 웃고있는 동생의 모습에 의자에서 일어나 서성이고는 했습니다. 트루의 엉뚱한 표정, 동호회 식구들과 즐거워하는 모습, 술집에서 술 마시다 잠든 모습, 직접 작성한 게시글에 담긴 위트와 따뜻한 마음이 담긴 모니터 화면의 활자들을 읽다가 화장실 세면대를 부여잡고 눈물 콧물을 쏟아 내기도 했습니다.

삶은 철저히 일회성의 법칙으로 앞을 향해 나아가고 있으며 그것을 인정해야 함을. 그 상실을 결코 되돌려놓을 수 없으며 그 아픔을 쉽사리 떨쳐버릴 수 없다는 것을 이제는 압니다.

돌려세울 수는 없었지만
돌려세우고 싶었던 마음의 흔적 찾기를 통해
떠나간 이가 품었던 삶의 이면들을 더 깊이 이해할 수 있는 시간이었습니다.

그린 라이트,
세상의
모든
음악

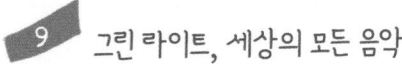

## 9  그린 라이트, 세상의 모든 음악

매일 저녁 6시가 되면 떠오르는 목소리가 있습니다. '본방사수'를 할 수 있는 여건이라면 일하다가도 5시 59분에 라디오를 켜고 오프닝 멘트부터 듣습니다. 특히, 몸과 마음이 지친 날. 혼자 있고 싶은데 외로워지고 싶지는 않을 때 '다시 듣기'로 지나간 시간의 이야기를 지금도 거의 매일 찾아 듣는 애청 프로그램입니다.

KBS 클래식 FM <세상의 모든 음악> 프로그램은 해 질 무렵 또 다른 하루를 위로의 선물을 받는 느낌이 듭니다. 음악평론가이자 영화평론가인 진행자 전기현 씨의 나직하고 감미로운 음성을 들으며 오늘 하루에 대한 안도감을 느낄 때가 참 많았습니다. 최근 몇 년 병원 신세를 많이 지며 스마트폰의 앱으로 병실에서 종일 다시 듣기로 고정해서 들으며 큰 힘이 되었고, 일상으로 복귀했을 때 역시도 그렇게 그 자리에 있어 주었습니다.

　그날그날의 주제어로 풀어내는 사려 깊은 오프닝 멘트가 끝나면 어김없이 매일 진심이 담뿍 담긴 음성으로 "오늘 하루도 수고하셨습니다"라고 말해 줍니다. 수술 후 9시간을 꼼짝 않고 있어야 했던 그해 늦가을 오늘 하루도 수고했다는 말을 들으며, 누운 채로 소리 없이 울었습니다. 눈물과 콧물을 닦을 수 없어서 그저 하염없이 흘러내려 마르도록 했습니다.

　하루가 엉망진창이 되고, 인생의 돌부리에 걸려 넘어지고 구른 어느 날 저녁, 라디오에서 흘러나오는 그 '오늘 하루 수고하셨습니다'라며 천천히…. 단어와 단어 사이에 틈을 충분히 두고 나직하지만 무겁지 않게, 부드럽지만 가느다랗게 떨리는 그의 음성은 마음을 열기에 충분합니다. 어떤 날의 하루는 이 말 한마디로 다시 시작할 힘을 얻기도 했습니다.

　<세상의 모든 음악>의 목소리, 말, 음악은 지난 오월의 마지막 날 오프닝 주제였던 '그린 라이트'같습니다. 어쩌면 7년여 제 가슴속에 있던 이 글들을 책으로 내려는 마음을 먹도록

해주고, 이 책의 Key Color를 '그린'으로 결정하게 한 결정적 원인이 되었다 해도 부족하지 않습니다. 초록은 조화와 자연, 성장의 색이라고 하죠. 재생과 부활을 상징하기도 합니다. 이제 내보내도 된다고 제 마음에서 허락하는 '그린 라이트'가 켜졌던 지난봄을 기억하겠습니다.

"세상의 모든 음악, 지난 시간 함께 해주셔서 고맙습니다. 앞으로의 시간, 미리 해 질 무렵의 시간도 맡깁니다."

'그린 라이트'라는 말이 있습니다.
가장 먼저 떠오르는 건, 녹색 신호등이지요. 건너가도 좋다고 허락하는 초록빛 신호등이 의미하는 것처럼, 그린 라이트는 어떤 일을 해도 좋다는 '허락'의 의미로 폭넓게 사용됩니다. 예산을 집행하도록 허락한다든가 프로젝트의 최종적인 수락, 야구에선 자유롭게 도루할 권리를 의미하게 되었고, 손을 잡아도 좋다는 의미로도 사용된다 하지요. 오월의 마지막 날, 곳곳에 그린 라이트가 켜졌으면 좋겠습니다.
사람들이 더 가까워지고, 불가능했던 일들이 가능해지는 날들이 왔으면, 좋겠다 싶네요.

2018. 5. 31. 오프닝 멘트

그
흔한
사람들,
Be the Voice

## 10  그 흔한 사람들, Be the Voice

저는 OECD 회원국 중 자살률 1위 국가인 대한민국에서 '그 흔한 사람들' 중의 한 사람입니다. 사회학적 용어로는 자살유가족이지요. 국내외 연구결과에 의하면 스스로 생을 마감하는 사람 1명당 적게는 5명에서 많게는 20명 정도의 자살유가족이 발생한다고 합니다. 혈연관계의 가족뿐만 아니라 친구, 동료, 지인들까지 심리적 충격과 무의식적으로 트라우마를 겪게 되는 '그 흔한 사람들', 그들은 예상외로 훨씬 많습니다. 그런데 그들의 목소리는 왜 들리지 않을까요. 상실의 슬픔과 더불어 사회적으로 온전히 애도하지 못하는 비통함 속에서 침묵을 은연중에 강요당하고 살아가는 사람들입니다. 가까운 누군가의 자살로 인해 남은 자들은 아무런 예고도 없이 전혀 다른 삶을 건네받게 됩니다. 미국정신의학협회에 따르면 남겨진 유가족의 고통은 홀로코스트 피해자들의 그것과 비슷하다는 연구결과가 있습니다.

정신과 의사인, 도리 라웁$^{Dori\ Laub}$은, "파괴적 트라우마를 입은 사건에 관해 이야기하지 않는 것은 영원히 자기를 휘두르도록 놔두는 것이며, 결과적으로 일상생활을 침략하고 오염시키게 방치하여 자기파괴에 이르게 된다"고 했는데 그의 말에 깊이 공감합니다. 결국, 상처는 언어를 통해, 즉 상징화를 통해 풀어내야 한다는 말입니다. 아픔에 대해 언어로 표현함으로써 꾹 눌러둔 내면이 표출되고, 격렬한 상처의 흔적은 아주 느리지만 어떤 식으로든 형태와 의미를 갖습니다. 상실에 대한 깊은 애도는 언어의 영역인 소리와 문자로 전환되면서 내 안에서 재정의$^{Redefine}$되고, 비로소 회복의 시작점을 향해 몸을 밀고 나갑니다. 또, 언어로 분출함으로써 헛것이라 할지라도 소중했던 한 존재에 대한 기억을 껴안고 살아가는 일에 나름의 질서와 맥락, 마땅한 명분이 생깁니다.

상실과 애도, 회복에 관해 전문 연구서나 글에서 전하는 공통적인 핵심 사항은 바로 언어로 표현하는 것임을 알 수 있었습니다. 조금은 다른 방식으로 애도에 대해 천착하며 제 자신을 이끌어 올 수 있었던 동력이 무엇이었을까 생각해보니 바로 어릴 때부터 끄적이던 습관 때문이라고 생각합니다. 길을 걷거나 버스나 지하철로 어딘가를 향하는 와중에도 문득 상실의 감정이 맹렬하게 몰려오면 짧은 한 문장이라도 내뱉듯 끄적이면 그나마 숨을 쉴 수 있었습니다. 그런 저를 되돌아보면 필사적으로 살려고 몸부림쳤구나…. 하는 생각이 듭니다. 다만, 개인적이면서도 사회의 금기어가 된 자살유가족으로서 양면적 딜레마에 부딪혀 말하는 것을 고민했습니다. 그러나, 자살유가족의 시선으로 바라보고 듣는 '자살자'에 대한 언론보도, 주위의 시선과 말에 대해서 저를 드러내더라도 사람들에게 말하고 싶었습니다. 그것이 바로 제가 이 책을 쓰고 있는 이유입니다.

Be the Voice!

마왕,
구탱이형
그리고
트루

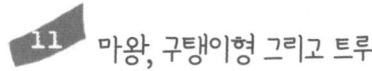 마왕, 구탱이형 그리고 트루

10월 27일 마왕
10월 30일 구탱이형
10월 27일 트루

 태어난 해와 떠난 해는 다르지만 떠난 달은 같은 세 사람. 그들이 찬란한 시절에 그리도 황망하고 비통하게 떠났다는 공통점이 있습니다. 가수 신해철 씨는 정말 말도 안 되는 의료사고로 사랑하는 가족과 그를 사랑하는 팬들 곁을 떠났습니다. 만약 그가 유명인이 아니었더라면 의료사고임이 증명되기도 어려웠을지 모릅니다. 대중음악이라는 음악 장르에서 우리 사회의 부조리를 통렬하게 비판하던 그였기에 팬들은 그의 어이없는 죽음을 더 안타까워했습니다. 트루는 마왕 신해철의 음악을 무척이나 좋아했습니다. 그가 떠나고 잠든 곳에 갈 때면 마왕의 노래를 몇 곡이나 실컷 들려주곤 했습니다. 그런 마왕이 몇 년 후 황망한 의료사고로 떠난 같은 날, 새벽이 오도록 그의 음악을 들으며 애도했습니다. 구탱이형이라는 별명으로도 불린 배우 김주혁을 보면 트루가 떠올랐습니다. 모자를 쓰고 두꺼운 검은색 뿔테 안경을 쓴 구탱이형의 모습과 말투는 제 눈에는 '트루'였습니다. TV 화면 속에서 김주혁 씨의 사고 관련 보도를 보았지만, 여전히 의문을 풀기 어려웠습니다. 그리고 그가 떠났다는 실체적 슬픔이 '트루'와 겹치면서 가슴이 미어졌습니다.

많은 사람이 절정의 단풍을 즐기는 시월 말이 저에게는 사랑하는 세 사람의 죽음을 애도하는 계절이 됐습니다. 제게 주어질 시간이 얼마나 될지는 모르지만, 앞으로의 시월에도 그들은 제 기억 속에서 단풍이 되고, 낙엽이 되어 신해철 씨의 음악과 김주혁 씨의 연기를 보며 자라는 다음 세대들에게 밑거름이 될 것입니다.

오색 단풍이 찬란하게 물들 듯이 시월의 제 심장은 유독 그리움으로 물들어가겠지요.

힘껏 물들겠습니다.
더 힘껏 기억하겠습니다.

49일의
레시피,
꿈·음

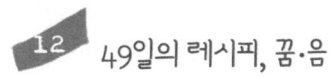# 49일의 레시피, 꿈·음

'2011년 9월 9일'.

집에 도착한 『49일의 레시피』 면지에 기재된 날짜입니다. 책을 사면 면지에 산 날짜와 이 책을 왜 샀는지 단어 또는 문장을 끄적여 흔적을 남겨둡니다.

그날은 퇴근 후 피곤했지만, 그날 있었던 여러 가지 업무들을 걸으며 정리할 겸, 집 앞 천변을 산책하러 나왔습니다. 매일 밤 10시부터 2시간 동안 진행되는 DJ 허윤희 씨의 꿈·음을 이어폰으로 들으며 걸었습니다.

당시에도 지금도 즐겨 듣고 있는 라디오 프로그램인 CBS FM의 <허윤희의 꿈과 음악 사이에>입니다. 애청자들은 줄여서 '꿈·음'이라는 애칭으로 부르며, 어느덧 12년이 된 장수 프로그램이죠. 그날은 마침 책 소개 코너가 있던 날이었습니다.

그 책은 바로 『49일의 레시피』였죠. 허윤희 씨가 읽어주는 책 속의 문장에 걸음이 점점 느려졌습니다. 결국 산책을 잠시 멈추고 바로 책을 주문했습니다. 그리고, 두 달이 채 안 되어 일어난, 내 인생에서 엄청난 사건이 일어난 날 그 새벽에 이 책을 떠올리게 될 거라곤…전혀 예측하거나 상상하지 못한 채로. 그날 밤 산책길 꿈·음에서 처음 만나 읽게 된 이 책이 준 위로가 커서 몇 년에 걸쳐 형제들은 물론이고, 50여 명에 가까운 사람들에게 선물한 것만으로도 제게 준 영향력이 컸다고 말할 수 있습니다.

  『49일의 레시피』는 이부키 유키의 두 번째 소설입니다. 이 작품은 소중한 사람을 잃은 한 가족이 상처를 치유하고 재생하기까지의 49일을 따뜻하고 감동적으로 그려내 많은 사랑을 받아 NHK 드라마로도 제작되었다고 합니다.
  음식을 통해 마음을 치유하는 주제와 메시지를 전하는 소설과 에세이입니다. 저는 이 책의 키워드를 뽑는다면 '슬픔을 알고, 따스함을 안다'라고 표현하고 싶습니다. 종교 혹은 저마다의 주관에 따라서 의식은 다를 수 있겠지만 동양에서는 보편적으로 '49일'을 죽은 이에 대한 최소한의 애도 기간으로 봅니다.

아내를 먼저 보내고 실의에 빠진 남편 앞에 한 여자아이와 이혼을 결심한 외동딸이 나타납니다. 아내에게 49재까지의 집안일을 부탁받았다는 여자아이는 아내가 직접 남긴 레시피로 49재의 요리를 만들어 연회를 열기를 바랐다고 말했습니다. 아내의 죽음 이후 49일이라는 무거운 주제를 다루면서도 긍정적인 삶의 메시지를 전하며 가족의 의미를 다시 생각하게 해주는 찡한 이야기였습니다. 49재에는 독경도, 향도 필요 없고 크게 연회를 했으면 좋겠다는 아내의 마지막 바람. 그 바람을 묵묵히 들어주는 남편이 겪어가는 과정에 중간중간 가슴이 뛰기도 했었죠. 아내 살아생전엔 전혀 몰랐고, 관심 두지도 않았던 이야기들이 생생하게 복원되면서 소설은 죽은 자와 살아있는 자, 부모와 자식, 남편과 아내, 개인과 사회가 서로의 빈 곳을 채워주는 따뜻한 연대감을 구축하며 행복을 향해 나아갑니다. 인생은 각자의 스토리텔링이 담기는 서사가 되어 49재 연회에 장식할 그녀의 시대별 연표를 만들어나가는 과정은 그러한 삶의 '내용'을 강조하는 부분입니다. 동행하며 살아온 가족, 이웃, 친구들과의 인생사 속에 담긴 소소한 추억들이 인생 연표의 업적이 되어 가슴 벅찬 연표가 되며 각자의 기억을 소환시킵니다. 꼭 유명인이 아니더라도 삶은 누구나 사연 많은 역사입니다. 삶이라는 것이 그 사람만이 온전히 살아낸 세월의 흔적들이 묻어있기 때문에 각자의 고유성을 확보하고 있습니다.

그날, 소식을 듣고 빈소를 마련하고, 가까운 지인들에게 연락하고 부모님을 살피고 망연자실해 있었습니다. 빈소에서 다른 가족들과 넋을 놓고 있다 갑자기 한 생각이 들면서 가슴이 빠르게 뛰었습니다. 지금은 그때 병원에서 어떻게 집으로 왔는지 전혀 기억이 안나지만…. 새벽 3시가 넘은 시간에 집으로 돌아와 서랍 속의 오래된 앨범을 꺼내 트루의 가장 어릴 때 사진부터 제가 가진 가장 최근의 사진, 트루의 방에 있는 사진들을 찾아냈습니다. 그리고 사진마다 포스트잇을 하단에 붙여 제가 기억하는 사진 속 이야기를 써 내려갔습니다. 냉장고 옆의 코르크 메모판을 뜯어내 그 사진과 포스트잇을 시간순으로 붙였습니다. 미친 듯이 쓰고 자르고 붙이는 모습을 보며 남편과 중학생이던 아이가 무엇을 하냐고 물었지요. 무엇이라고 대답을 했는지도 기억이 나지 않습니다. 제 기억에 남아 있는 풍경은 눈이 퉁퉁 부어오른 한 여자가 식탁 위에 사진과 풀, 종이, 펜, 가위를 늘어놓고 몰두하는 뒷모습뿐입니다. 그 메모판은 몇 시간 후, 빈소의 한쪽에 놓였습니다. 볼품없는 8절지 크기의 코르크판에 축소한 트루의 삶을 제가 그 새벽에 저로부터 끌어낼 수 있는 모든 용기와 에너지를 그러모아 작은 전시판을 만들어 한쪽에 세워두었습니다. 장례식장을 찾은 이들이 미처 몰랐던 트루의 삶까지도 기억해 주기를 바랐습니다.

누군가가 자살하면, 그의 가장 최근 심리 상태나 우울증, 가정사에 문제가 있었던 것은 아닌가 등에 대체로 촉각을 세웁니다. 어떤 인생을 살아왔는가, 누구에게 사랑받았고 무엇을 사랑했으며 어떤 가치를 인생의 중심에 두고 살아냈는가보다 스스로 선택한 죽음이라는 것 자체가 너무 충격적이기 때문입니다. 트루 인생의 연표가 그러한 이유로 축소되는 것을 견디기 어려웠습니다. 당시 중학생이던 제 아이와 고등학생인 두 조카가 받을 삼촌에 대한 큰 충격을 없앨 수는 없겠지만, 그럼에도 '자살한 삼촌'으로만 트루를 기억하게 하고 싶지 않았던 절박함이 있었습니다.

특히, 자살유가족들은 아예 장례를 치르지 않거나, 대단히 소극적이고 급하게 진행되는 장례 절차로 인해 슬픔을 나눌 기회를 박탈당하거나 혹은, 스스로 거부하며 최소한의 위로를 받을 시간조차 확보되지 않는 경우가 의외로 많다는 것을 한참 시간이 흐른 후 참석하게 된 자조 모임을 통해서 알게 되었습니다. 자살이든 사고이든 병마이든 삶과 죽음의 경계는 달라지지 않습니다. 떠난 자는 말이 없고 남은 자가 기억하고 애도해야 하는 것도 달라지지 않습니다.

'자살이 뭐가 자랑이라고 왜 저런걸 하는 거지?'라고 혹자는 불편함을 느끼고 이상하다는 생각을 했을 수도 있겠지요. 그러나, 지금 와 다시 생각해도 어떻게 생을 마감했든 마땅히 애도할 존엄성을 가족으로서 부여했던 절실한 행위였습니다. 매우 급박한 상황에서 정신을 놓지 않고 제가 할 수 있는 최선이었다고 생각하려 합니다. 단언컨대 그때 누군가의 말대로 남보기 부끄럽다고 장례를 치르지 않았더라면, '그냥 산에 뿌려버려야지 뭘 묻냐'라는 말에 수긍하고 수목장을 치르지 않았더라면, 장례식에서 고인이 어떤 삶을 살았는지 그 조악한 전시회라도 하지 않았더라면…. 더 깊은 슬픔과 회한, 미안함으로 더 오랜 기간 헤어나오지 못했을 거라는 확신을 합니다.

엄마를 위한
기억의
선물,
포토북

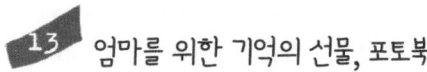 

## 13  엄마를 위한 기억의 선물, 포토북

내 마음이 아프다고

애써 지우고

잊으려 애쓰지 않으마.

이 웃음처럼

너 있는 그곳에서도

환하게 웃고 있기를

잊지 않고 매일 기도할게.

2012. 9. 5. 물의 날
1주기 추모 포토북에 남긴 저자 메모

트루의 1주기에 엄마께 '선물'을 드렸습니다. 동시에 같은 '선물'을 저 자신에게도 선물했습니다.

세상에 오직 2권만이 존재하는 책. 기억의 선물입니다.

장례를 치르고 아버지는 트루의 사진을 모조리 없애셨습니다. 제가 만든 사진 보드부터 오래된 앨범의 사진, 트루가 있는 가족사진조차 흔적도 없이 사라졌습니다. 어디에 치우셨는지 여쭤도 '모른다'라고만 답하셨습니다. 사진을 보며 우는 엄마에게서 그 사진을 '제거'한다면 당장은 힘들더라도 괜찮아질 것으로 생각하셨겠지요. 그러나 엄마의 통곡은 떠난 자식의 얼굴을 사진으로조차 볼 수 없게 된 바로, 그때부터 시작되었습니다. 자정이 넘은 시간에 옆집에 사시는 엄마의 울음소리에 잠에서 깨어 부모님 집으로 건너가 엄마의 무너진 모습에 부둥켜 함께 울기도 했습니다. 어느 날 자정엔 골목길 한복판에서 엄마의 비통한 울음소리가 들려왔습니다. 그 울음은 누군가에게는 공포로, 소음으로, 민원제기 대상이 되기도 했지만, 저에게는 견디기 어려운 심연의 피 울음으로 다가왔습니다.

망자의 사진을 없애서 '흔적 없는 삶'으로 만들면 잊힐거라는 아버지의 마음도 한편 이해했습니다. 그러나, 준비되지 않은 상태에서 일방적으로 '강요된 잊음'은 이차적 상실이었고 폭력에 가까웠습니다. 구석구석을 뒤져도 찾을 수 없는 아들의 얼굴이 갑자기 기억나지 않는 것이 너무나 두렵고 고통스러워 소리높여 슬피 우셨던 것입니다. 아버지는 끝내 입을 다무셨고, 저는 감춰지고 버려진 동생의 흔적을 찾기 시작했습니다. 그때 엄마를 위로할 수 있는 일은 그녀에게 '그 얼굴'을 돌려주는 것뿐이었습니다.

1주기를 앞두고 제가 소장하는 앨범 속의 트루, 그가 활동했던 동호회 카페에서 찾아낸 트루의 사진, 수첩에 적힌 글과 그림에 기억을 담아 만든 포토북을 엄마에게 선물했습니다. 인도 배낭여행을 가서 눈망울이 예쁜 아이들과 눈높이를 맞추고 앉아 활짝 웃고 있는 트루, 거의 유일했던 기억인 가족 나들이에서 원더우먼 반바지를 세트로 입은 세 명의 누나들과 중학생이었던 형, 어쩌면 지금의 저보다 더 젊으셨을 부모님과 함께 찍은 가족사진 속에 트루가 있습니다. 실수를 한 젖은 바지를 벗고 잔디 위에서 입을 반쯤 벌리고 웃고 있는 서너 살의 트루, 보행기에 탄 트루, 어린왕자의 글과 그림을 그려놓거나 읽었던 책의 글귀를 써놓은 트루의 필체가 남겨진 수첩의 한 페이지, 고양이와 강아지를 안고 있는 트루, 동호회 사람들과 웃으며 이야기를 나누는 트루. 엄마는 사진 속 트루를 물끄러미, 천천히 바라봅니다. 그녀의 시선은 눈에서 코로, 웃고 있는 입술로, 건장했던 어깨와 목덜미로, 손가락으로 아주 천천히 꼼꼼하게 매만지듯 바라봅니다.

사진 속 얼굴과 몸을 마른 손으로 스윽~슥, 소리를 내며 쓰다듬습니다. 사진 위로 눈물이 뚝~뚝 떨어져도 그 손길은 멈추지 않았습니다. 사진을 살피며 다감하고 속 깊은 그 아이가 정말 살아있었음을 절박하게 확인하시는 듯했습니다.

"그래. 이제 기억이 난다. 그래 이렇게 생겼었지. 오늘부터는 잘 수 있겠다. 꼭 껴안고 자야겠다. 고맙다."

이 '정신적 포옹'은 엄마에게도, 저에게도 그 무엇보다 값진 선물이었습니다. 그리고 애끓는 천륜의 모습이었습니다.

폐기 안 해도 돼요. 마음을 폐기하지 마세요. 마음은 그렇게 어느 부분을 버릴 수 있는 게 아니더라고요. 우리는 조금 부스러지기는 했지만 파괴되지 않았습니다.

김금희 『경애의 마음』 중

나를 길들여줘...
저녁 4시에 네가 온다면
나는 3시부터 행복해질 거니까.

트루가 남긴 노트에서
그림. 트루

# Re 그래, 다시

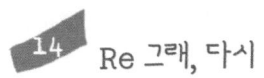

## 14  Re 그래, 다시

　　때로는 꾹꾹 눌러 쓰고, 어느 땐 휘갈기듯 마음을 부려놓은 글 조각들을 그러모아 읽으며 '다시'라는 부사를 온몸으로 느끼고 있습니다. 일명, '부사의 재발견'입니다. 작년에 친구가 성경 통독을 하다 '마땅히'라는 부사를 만나며 15개월 만에 SNS 프로필의 메시지를 '마땅히'로 변경했다는 사연을 들었습니다.

　　부사$^{Adverb}$를 무한 동력 삼아 '마땅히 가야 할 길과 해야 할 일'이라는 방향성을 설정했다는 친구의 표정은 진중하면서도 한편으로 홀가분해 보였습니다. 지금 이 시각, 이 상황을 '마땅히 가야 할 길과 해야 할 일'이라 전제하고 나니 마음속 요란함도 갈등도 옆으로 툭 던질 수 있었기 때문이 아닌가 싶었습니다. 어중간한 표현은 '부사'로 취급하기도 해서 쓰레기 품사라는 오명을 얻기도 했던 부사. 용언 또는 다른 말 앞에

놓여 그 뜻을 분명하게 해주는 품사인 부사는 마치 가야 할 길의 방향성을 공고히 다지는 부표 같은 탁월한 기여도를 가진 품사로 진면목을 느끼게 합니다.

    다시 생각하고 [Remind]
    다시 돌아가고 [Rewind]
    다시 보고 [Review]
    다시 재생하고 [Replay]
    다시 활용하고 [Recycle]
    다시 구조화하며 [Restructure]

'다시'라는 단어는 새로운 출발을 선언하고 있습니다. 그래서 다시라는 단어에서는 힘이 느껴집니다. 그러면서도 새로운 창조의 싹을 틔우고 있는 단어이기도 합니다.

이전 상태나 행동이 그쳤다가 이어지면서 새로이 또 시도하거나 되풀이하는 것도 '다시'겠지만, 방법이나 방향을 달리 고쳐서 새로이 보는 관점에서, 콘텐츠는 이전에 보지 못했던 진면목을 발견하게 되거나 더욱 확장되고 상호교감 관계도 재구성되는 것을 우리는 이미 경험적으로 알고 있습니다. 책으로 예를 들면, 『어린 왕자』를 읽은 독자 중 매우 많은 분에게서 '10대, 20대, 30대, 40대를 지나 50대에 다시 읽어도 그때마다 새로운 것을 생각하게 된다'라는 말을 듣고는 합니다. 그건 책의 내용이 개정되는 것이 아니라 나라는 자아가 살아오며 기쁨, 슬픔, 비통, 즐거움, 성취감, 관계 등에서 다양한 감정을 통해 성장하며 그때는 몰랐지만, 지금은 알게 된 세상을 보는 눈이 폭넓어졌기 때문이 아닐까요. 최근에 저도 어릴 때 읽었던 동화책 한 권을 수십 년이 지나 최근에 다시 읽었습니다. 100년 전 동화 『비밀의 화원』에서 주인공 메리가 부모님을 잃고 친척집으로 와 외롭게 생활하던 중, 폐허로 방치된 저택의 숨겨진 정원을 세상을 떠난 '엄마의 정원'이라 부르며 하루하루 친구들과 가꿔나가며 성장했던 것처럼 말입니다.

거칠게 뭉쳐있고 끊어진 이야기들을 다시 매만져 가장 먼저 내게 그리고 제 곁의 소중한 누군가에게 가 닿을 수 있는 위로의 빨간 실타래를 굴려 보내고 싶습니다. 누구에게나 지나온 삶을 영화처럼 되돌리고 싶은 간절한 순간들이 있습니다. 그러나, 되돌리기를 수없이 상상해 본 사람은 상상의 끝이 얼마나 먹먹한지 알기도 합니다. 우리의 인생은 한 방향으로 갈 뿐 절대로 돌이킬 수 없는 철저한 일회성 순방향의 법칙으로 움직이고 있다는 것 또한 알고 있기에.

불가에서는 윤회가 있지만 제가 저로 사는 이번 생에서는 다시 만나기 어렵겠지요. 다만 밝고 환하게 둥그런 빛이 되어 다시 좋은 몸 받아, 못다 한 삶을 더 신명 나게 살아가기를 남은 자들은 염원할 뿐입니다. 상실은 가슴 한쪽에 바람길을 만들어 놓았고, 저마다 그런 바람길 하나 이상 가지고 살아갑니다. 몸을 가누지 못할 정도의 세찬 바람을 막아 줄 작은 나무를 심고 물을 주며 가지치기하며 가꿔나가는 것은 오롯이 저마다의 몫이 됩니다. 결국, 어떻게 살아갈 것인가. 선택의 질문으로 회귀합니다.

인생에서 누구나 마주할 수밖에 없는 '상실의 순간'을 내 삶에서 어떻게 마주할 것인가. 어쩌면 제 인생에서 가장 충격적인 사건이 일어났던 7년 전의 시간을 다시 되감으며 저는 이런 명제를 조심스레 건네봅니다.

다시, 들여다보고 들추고 동선을 따라가는 일은 다시 수렁에 함몰되는 것을 힘껏 넘어설 수 있는 위험과 기회를 동시에 선사할 수도 있습니다. 재구성되어 확장되고 공유되어 나와 누군가의 한 쪽을 밝혀나가는 변곡점을 만날 수 있습니다. 자신과의 약속을 실행하는 힘, 말을 넘어 몸이 실행하는 과정에서 생각은 일상이 되고 일상은 삶이 되리라는 것을.

Anyway, Keep Going!

달그락
달그락
골목길

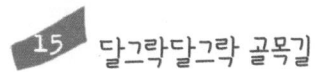
## 15 달그락달그락 골목길

　　막다른 골목길에 3개의 낡은 주택이 길게 이어져 있습니다. 이 집의 마당과 저 집의 담벼락이 연결된 골목길입니다. 대문의 첫 번째 집을 지나 가운데 집의 창이 난 담벼락을 지나면 제가 사는 집에 당도합니다. 가운데 집은 부모님과 트루가 살았던 넓은 마당이 있는 단층 주택입니다. 3년 전, 부모님은 30여 년을 살아오신 골목집을 떠나 생면부지의 지역으로 이사를 하셨습니다. 다른 이유도 있지만 떠난 아들과 일상을 함께 했던 익숙한 공간, 동네가 더는 견디기 힘들어지신 것도 중요한 이유였습니다. 저는 7년이 지난 지금도, 트루가 지내던 방의 창문이 골목으로 난 담벼락을 매일 지나칩니다. 어둠이 짙게 깔리는 늦은 시간 퇴근할 무렵이면 골목길을 비추는 그 노란 불빛에 걸음을 멈추고 발길을 돌려 동네를 한 바퀴, 두 바퀴, 열 바퀴나 돌고 돌다가 집으로 들어오곤 했습니다. 30미터쯤 되는 골목길이 어떤 날은 걸어도 걸어도 한없이 길게만 느껴지는 날도 있습니다. 걸음을 옮길 때마다 어디선가 소리가 들리는 것 같았습니다. 7년 전에는 골목길을 들어설 때마다 덜커덩덜커덩~ 내면에 가라앉은 쇳덩이들이 요란한 소리를 내어 고통스러웠습니다. 덜커덩거리던 소리는 '덜그럭덜그럭'거리더니, 이제는 '달그락달그락'거리며 제게 말을 겁니다. 달그락달그락, 골목길의 담벼락을 지나며 무의식이 알아차리는 소리인 것만 같습니다. 앞으로의 삶에서도 이 소리는 제가 살아있다는 것을 알려주는 소리가 될 것 같습니다.

기억은 저절로, 혼자서, 아무 곳에서나 이루어지는 것이 아니니까요. 기억은 철저하게 장소와 연결되어 있지요. 우리 눈앞에 보이는 것과 우리 마음속에서 떠오르는 것 사이에는 상관관계가 있는 것 같습니다. 기억은 장소에서 나오고 장소는 한편으로 생각하면 기억을 품고 있는 곳이기도 하여 제가 이 집을 떠나 다른 곳으로 간다 하더라도, 이 골목길은 제게 달그락달그락 애도하는 소리로 이미 전환되었습니다. 골목길 모퉁이를 돌면 아픔이 떠오르지 않을 거라고 속으로 중얼거리기도 했습니다. 하지만, 그것은 저의 착각. 그리고 이제는 그런 중얼거림도 의미 없음을 알아버렸습니다. 있는 그대로 저를, 상실을 인정하며 살아가며 기억하고자 합니다.

가수 김현식이 멋지게 부르던 <골목길>을 들어봅니다.
반복해서 들어도 첫 소절이 심장으로 쑥 들어옵니다.
그의 목소리가 노래한 사랑 감정이 제게는 슬픈 애도의 한 구절로 다가옵니다.

'골목길 접어들 때에 내 가슴은 뛰고 있었지~
커튼이 드리워진 너의 창문을 말없이 바라보았지'

나약해서라고,
말하지
마세요

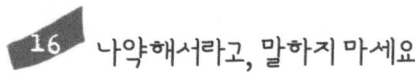# 나약해서라고, 말하지 마세요

　스스로 생을 떠난 사람들은 단순히 나약해서, 생활에 문제가 많아서, 혹은 우울증이 있어서 그런 선택을 했다고 쉽게 말하는 이들이 있습니다. 물론 그 요소들을 하나 또는 모두 가지고 있었을 수도 있습니다. 그렇다고 해서 그들이 살아온 날들의 성실함과 존엄성마저 훼손시키는 것은 남은 가족으로서 대단히 고통스럽습니다.

　삶의 끈을 놓아버린다는 과정에서 그들은 얼마나 긴 시간을 번뇌하며 몸부림쳤을까요. '자살'과 '살자'라는 뒤바뀐 글자의 퍼즐 조각을 앞에 놓고 얼마나 힘들어했을까요? 그저 나약해서, 힘들다는 마음으로 결론을 내렸을 거라고 그렇게 말하지 않아야 합니다. 사회적 죽음이라는 논란이 된 송파 세 모녀 자살 사건처럼 그들을 둘러싼 온 세상의 미묘한 힘들이 어느 순간 그 길로 밀어 넣었는지도 모릅니다. 수없이 뒤를 돌아보고 또 돌아보며 옮기기 힘든 무거운 발걸음을 옮긴 겁니다.

그렇게 떠난 이들의 유서에는 하나같이 가족, 친구, 이웃들에게 '미안하다. 사랑한다. 부탁한다.'라는 말이 담겨있습니다. 미안하고 사랑하는데 너무 힘들어. 버틸 힘이 없어서 이렇게 먼저 가는 거 용서해달라며 부탁합니다. 그렇게 간 겁니다. 그러니, 그들의 삶을 모르면서 함부로 나약하다고, 말하지 마세요. 그들에게는 용서를 구하고 떠난 남겨진 누군가가 있습니다. 그리고 그 남겨진 이들은 죄책감과 충격, 비통함으로 밥을 먹는 것도, 웃는 것도, 일상을 이어가는 것도 미안해하며 겨우 살아가곤 합니다.

자살유가족들은 두 개의 세상을 살아가게 됩니다. 사랑하는 이가 자살하기 전에 알던 세상과 사랑하는 이의 부재가 가져오는 세상입니다. 제가 제 삶을 이어간다는 행위는 두 개의 세상을 모두 안고 가는 여정이기도 합니다. 두 개의 세상이 가져온 단절을 인정하는 데는 시간과 용기가 필요합니다. 저 또한 그것을 깨닫는데 꽤 오랜 시간이 걸렸고 지금도 그 여정의 한 가운데에 서 있습니다. 저 또한 새로운 세상으로 연결되는 또 다른 문이 아니었다면, 그렇게 말했을 수도 있습니다. 안타까운 마음에서요.

'죽을 힘으로 살지 왜 그런…', '그렇게 나약한 마음으로 어떻게 이 험한 세상을 살아왔어', '부모에게 못 박고 떠났구먼. 불효했어', '원래 좀 이상했다며', '시간이 지나면 다 잊혀져. 얼른 잊어야 해', '산 사람은 살아야지 죽은 사람은 잊어. 잊는게 최선이야'.

어느 저명한 교수의 글이 저에게 큰 상처를 준 적 있습니다. 그분의 논지는 자살은 아무 때나 하는 것이 아니며, 더 나아가서 자살한 사람들은 다음 생에 다시 태어나도 아주 외로운 환경에서 태어날 수 있다는 내용이었습니다. 영혼의 수준이 높지 않아 자살한 무지한 영혼은 그 상태에서 기약 없이 갇혀 지내다, 카르마의 섭리대로 자살한 대가를 반드시 치른다는 논리였습니다. 죽음을 '선택'한 그들의 죽음에 대해 '죄, 벌, 수준 낮은 영혼, 카르마'라는 덮개를 입힌 그분의 죽음관에 대해서 옳다, 그르다를 놓고 논쟁할 마음도 없습니다. 생명존중과 자살예방 차원에서 '자살'은 사회적으로도 암묵적인 금기어이니 말입니다.

한편, 40대 초반에 유방암을 앓으며 『은유로서의 질병』을 집필한 작가 수전 손택은 이렇게 말합니다. '은유란, 아리스토텔레스가 말했듯이 어떤 다른 사물에다 다른 사물에 속하는 이름을 전용하는 것이며, 어떤 사물을 그것이 아닌 다른 것으로, 또는 그것이 아닌 다른 것처럼 보이는 것으로 부르는 것'이라고요. 예를 들자면, 손택은 다섯 살이던 1939년 결핵으로 아버지를 잃었는데, 당시 손택의 어머니는 그녀에게 이 사실을 속였다 합니다. 당시만 해도 결핵은 '수치스러운 질병'으로 여겨졌기 때문이죠. '결핵'이라는 질병 자체가 아니라 '사회적으로 용인되기 어려운, 뭔가 수치스러운 것'이라는 은유가 손택의 어머니를 괴롭혔던 것임을 이후 손택은 이야기합니다.

'자살'에 대해서도 자살유가족들은 입을 다물고 침묵할 것, 숨길 것을 은근히 강요당합니다. 수치스럽고 사회적으로 용인하기 어려운 무엇이라는 은유가 입혀져 있기 때문이고 그것이 괴롭기 때문입니다. 자살유가족이라는 주홍글씨, 낙인을 견뎌내기 어렵기 때문입니다.

우리가 위로, 예방하자는 취지로 전하고자 하는 언어들이 가슴이 부서지는 고통을 겪고 있는 남은 자들의 슬픔에 진정한 위로일까, 다시 생각해보면 좋겠습니다. 저 또한 모든 상실의 슬픔을 겪고 있는 이들에게 제가 하고 싶은 말, 제가 할 수 있는 말을 하는 것뿐일 수도 있습니다. 온전하게 위로를 전한다는 것이 완전한, 완벽함을 뜻하는 것은 아니기에 서둘러 영혼 없는 위로의 말을 내보내지 않기를 바랍니다. 그의 입장이 될 수는 없지만 상대의 상황과 슬픔을 한 번 더 헤아려 가다듬어 천천히 진심을 담아 전할 수 있는 사려 깊음이 절실합니다.

> 정말로 체험해보기 전까지는
> 진심으로 실감할 수가 없는 것입니다.
> 병에 걸렸다는 사실로 인해
> 질병을 생각하기 시작한 건 확실히 그렇습니다.
>
> 수전 손택 『수전 손택의 말』 중

이기적 슬픔,
나는
내 생각만
했다

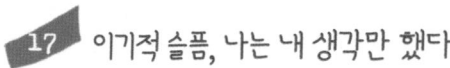
## 17  이기적 슬픔, 나는 내 생각만 했다

2016년 12월, 교차로에서 직진 신호를 받아 서서히 출발하던 저는 적색 신호를 무시한 채 무리하게 진입하던 대형차량에 부딪혀 그해 세 번째 교통사고를 당했습니다. 세 번 모두 100% 상대 과실의 사고였습니다. 8월 두 번째 교통사고로 회사까지 그만두고 회복에 전념하던 중 다시 일어난 사고의 공포와 충격으로 움직이지도 못했습니다. 그렇게 입원해 병원에서 크리스마스이브를 맞이했습니다. 왜 그날, 까맣게 잊고 있던 10여 년 전 기억이 갑자기 떠오른 것인지는 아직도 잘 모르겠습니다. 저녁을 먹고 약과 주사를 모두 처치 받은 후 6인실 병실의 개별 커튼을 치고 혼자 누워있었습니다. 잘 움직이기도 어려웠던 시기라 자세를 고쳐 누우려 해도 제 맘대로 되지 않았고 움직일 때마다 몰려오는 통증에 마음이 힘들었던 것 같습니다. 문득, 오래전 트루가 새벽 출근길에 타고 가던 택시가 앞선 차량과 추돌하며 운전기사는 그 자리에서 사망하고, 트루는 골반을 심하게 다쳐 대수술을 받고 일정 기간 대소변을 받아내며 6개월간 입원했었고, 이후 장애등급 판정을 받게 되었습니다. 이후, 교통사고 후유증으로 트루가 몰두하던 일을 그만두고 꽤 오랜 시간 동안 집에서 재활하며 몸에 무리가 덜 가는 새로운 일을 찾는 시간을 가졌었지요. 좌충우돌 여러 가지 일들에 도전하며 새로운 일을 찾기까지 스스로에게는 무척 길고 힘든 시간이었을 겁니다.

돌이켜 생각해보니 저는 육아와 일 등으로 바삐 지내며 마음만큼 동생의 고통과 아픔을 헤아리지도, 도와주지도 못했다는 오래전 기억이 왈칵 몰려오며 그날 밤 회한의 눈물을 많이 흘렸습니다. 저는 도대체 그에게 어떤 누나였을까요. 내 상실감에만 빠져 허우적거린 이기적 슬픔이라는 생각에 부끄러움이 거세게 몰려왔습니다. 불 꺼진 병실에서 커튼을 치고서도 얼굴이 화끈거리고 부끄러움이 몰려와 두 손바닥으로 얼굴을 가리고 숨죽여 울었던 크리스마스이브. 저는 제 생각만 한 것이었습니다. 제 관점과 생각으로 그의 남겨진 흔적들을 밟아가며 그 구멍 난 조각들을 맞추는 일그러진 퍼즐 게임에 혼자 빠져있었던 겁니다. 그의 슬픔, 그의 절망적 선택에는 더 오래된 아픔, 축적된 고통, 외로움들이 그때 한꺼번에 몰려왔겠구나라는 생각이 비로소 들었습니다. 그가 가장 외로웠을 때, 가장 고통스럽고 절망에 빠졌을 때 나는 무엇을, 어디에 있었던가…라는 질문이 저를 호되게 내리쳤습니다. 저의 자기기만은 아주 밀도 깊게, 아주 두툼하게 쌓여 있었다는 걸 깨달았던 그 밤.

"

트루, 누나가 많이 미안해.
네가 정말 힘들었을 그 시간과 아픔을
이제야 비로소 아주 조금, 헤아리는
이 어리석은 시간이라니.
내 아픔만 생각한 이기적 슬픔의 시간을
반성하며 살아가 볼게.
네게 못 주었던 시간의 틈, 삶의 틈을
누군가에게 돌려주면서.

"

# 절친의
## 눈물

## 18 절친의 눈물

　　너무 가슴이 아프면 실제로 심장이 벌어지고 쪼개지는 것 같은 몸의 고통을 느낄 때가 있습니다. 그것을 어떻게 말로 표현할 수 있을까요. 몸 안의 심장이 끊임없이 진동하는 것만 같았습니다.

　　살면서 뜻이 통하는 좋은 친구를 만나기란 쉽지 않습니다. 깊은 속마음을 알아주고, 위하고, 세상이 그를 향해 뭐라고 해도 그 한 사람만은 나를 믿어주고 지켜주려는 그런 참다운 우정을 나눈, 벗을 잃는다면 그 슬픔은 더 말할 나위도 없습니다. 함께 자란 형제보다도 세계관과 정체성이 어느 정도 형성된 후에 만나 정을 나누고 어려울 때 곁에 있어 준 친구는 어쩌면 나 자신을 더 잘 알아주고, 내 삶의 방향성을 더 깊게 나눌 수 있는 대상이기도 합니다.

서재에 『소지섭의 길』이란 책이 있습니다. 펼쳐보니 2010년 9월 7일 당시 중학생이던 아들에게 제가 선물한 DMZ 부근의 이야기를 담은 사진집입니다. 연예인에게 관심이 없던 아이가 2009년에 방영된 배우 소지섭이 나오는 드라마 <카인과 아벨>을 꼬박꼬박 챙겨보며 그의 멋진 연기에 푹 빠졌습니다. 저도 연예인에 별다른 관심이 없는 터라 잘 몰랐는데 아이가 관심을 가지니 덩달아 지켜보게 되었습니다. 수줍고 내성적이며 말수가 거의 없다는 그의 모습은 사전에 준비된 달변들이 쏟아지는 세상에서 제게는 오히려 매력적이었지요.

그가 출연한 드라마, 영화가 아이와 수다를 나누는 소통의 채널이 되어가던 2010년 초여름이었습니다. 그가 검은 양복 차림으로 가슴을 치며, 겨우겨우 심호흡하다 다시 숨을 몰아쉬며 눈물을 흘리는 모습을 TV 뉴스에서 보게 되었습니다. 무명시절 서로에게 등을 기대며 버틸 수 있었던 친구인 배우 박용하 씨의 황망한 죽음 앞에서였습니다. 비보에 가장 먼저 달려와 상주가 된 친구. 평소에 눈물이 별로 없다던 그를 무너지듯 쓰러져 하염없이 울게한 친구. 자신에게 힘들단 말 한마디라도 해 주었더라면 친구를 이리 허망하게 보내지 않을 수도 있었을 텐데…. 그게 정말 미안하다며 그는 오래도록 오열했습니다.

살아서도 죽어서도 놓을 수 없는 사우$^{死友}$. 절친에 대한 그의 미안함과 비통함이 너무나 강렬하게 전해졌습니다. 그리고 1년이 지난 후 저에게 일어난 사건으로 비로소 그때 그의 심정을 더 이해할 수 있었습니다. 이제는 서로 다른 세상에서 살아갈 절친을 매년 애도하는 그의 소식을 접하며 그가 『소지섭의 길』 프롤로그에 남긴 말을 떠올립니다. 그에게 말하고 싶습니다. 서둘러, 잊지 않고 계속 기억하고 사랑하며 살아나가자고 말입니다. 배우로서의 당신을 뜨겁게 응원합니다. 오래도록 배우로 만나고 싶습니다.

30대 중반으로서 저는 어떻게 살아가야 하죠? 자신을 찾아 자신과 다정하게 지내는 일. 그리고 뜻있는 삶…. 노력은 하는데 쉬운 일은 아닌 것 같아요. 좋아서 한 일인데 이제 일이 돼버려서 즐기지를 못할 때 계속 더 열심히 해버리란 말이 가슴에 남아요.

소지섭 『소지섭의 길』 중

7시간
슬픈
노랑

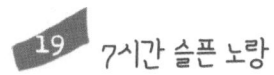

## 19  7시간 슬픈 노랑

"다시는 유치원을 못 볼 것 같아 속상해요."

2년째 서울 ○○유치원에 등원 중이었던 7살 아이는 다니던 유치원의 마지막 모습을 보고 싶어 아빠를 졸라 유치원 철거 현장을 지켜보며 울먹였다고 합니다.

"나쁜 어른들이 우리 유치원을 망가뜨렸어."

무너진 유치원을 본 한 아이는 울먹이며 옆에 있던 엄마에게 말했다고도 하죠. 신문 사회면에서 상위 뉴스가 된 '○○유치원 붕괴와 철거' 사고를 바라보며 착잡한 마음을 감출 수 없네요. 2018년 9월 6일 밤, 바로 옆 다세대주택 공사장의 흙막이 축대가 무너져 근처 지반이 내려앉았습니다. 이로 인해 지하 1층, 지상 3층짜리 유치원 건물이 10도가량 기울어지다 끝내 9월 10일 철거됐지요. 어른들의 태만과 안전 불감증으로 아이들이 지닌 삶의 추억 중 어쩌면 가장 역동적이면서도 사회적인 관계 맺기의 첫 장소가 되었을 놀이와 배움의 공간이

처참하게 무너지며 헐린 거죠. 122명의 아이가 활동하고 있었을 낮에 기울어졌다면 대형참사를 예견할 수밖에 없는 붕괴 모습을 바라본 아이들과 학부모, 인근 주민들의 충격과 혼란이 아이의 울먹임으로 고스란히 전해집니다. 장소는 사라져 버리는 기억을 물질로 버텨주는 형태의 존재임을 되새기게 해주는 공간 콘텐츠임을 다시 생각하게 되는 사고였습니다.

유치원 건물의 파손으로 사회적 관심을 끈 '흙막이 붕괴사고'는 그간 빈번하게 발생해 온 안전사고라고 합니다. 부실 설계·시공에 따른 전형적 인재人災라는 게 전문가들의 분석이고, 흙막이가 붕괴하는 대부분 사고의 원인은 바로 '부주의' 때문이라고 설명합니다. 더불어 붕괴 사건에 따른 어른들의 변명과 분석, 이를 바라보는 또 다른 어른들의 담론과 분노의 언어들을 지면을 통해 만나며 아이들과 관련된 어른들의 부주의와 인재를 떠올립니다.

뙤약볕이란 단어를 실감 나게 느껴본 적이 있었던가 싶을 정도로 불볕더위가 한창이던 2018년 여름이었습니다. 아스팔

트에 닿는 신발 밑창이 녹아내릴 것만 같은 날들이었죠. 불볕더위가 좀체 꺾이지 않던 8월의 어느 날, 뜨거운 공기를 눌러 밟으며 전철역을 향해 빠르게 걷던 발걸음이 멈칫, 골목길에 주차된 노랑 9인승 차량을 보고 멈췄습니다. 'ooo 어린이집', '어린이가 탑승해있어요', '통학 차량'이라는 글자가 보입니다. 심장이 방망이질 치는 것을 느끼며 이미 저의 시선과 몸은 그 노랑을 향하고 있었습니다. 웬만한 중형 차량보다도 더 짙게 빛가림이 되어 유리에 이마가 닿을 정도인데도 내부가 보이지 않아 양손으로 그늘막까지 만들어 차량 내부를 들여다 봤습니다. 까치발을 들어 차량 바닥까지 검열하듯 보고 돌아서며, 안도의 한숨을 내쉬었던 기억이 아직도 선명합니다. 지난여름, 지독하게 슬픈 노랑이었습니다. 제가 이럴진대 통학차량 사고로 아이를 잃은 유가족들은 그 심정이 어떠할지 떠올림만으로도 심장이 저미는 것 같습니다.

노랑은 삼원색 중 가장 밝은 기본색으로 눈에 잘 띄기에 신호등이나 차선 같은 교통표지 및 통학 차량 등 어린이의 안전과 관련하여 가장 많이 사용되는 색입니다. 그런 상징으로 차량을 색칠한 유치원 통학 차량에서 안타깝게도 어른들의 부주의로 40도에 육박하는 폭염에 7시간 방치된 어린이가 사망했습니다. 어린 생명이 겪었을 공포와 고통, 외로움이 밀려와 심장이 아팠습니다. 2017년 광주 어린이집 차량 방치사건의 피해 아동은 1년이 훨씬 지난 지금도 의식이 없는 가운데 이런 일이 또 일어난 겁니다. 이후로도 몇 번이나 아동이 자동차나 통학 차량에 짧게는 5분에서 많게는 15분 정도 갇히는 사고가 발생하며 놀란 가슴을 쓸어내리게 했지요.

해당 차량 기사의 '단 한 번도 뒤돌아본 적이 없다'라는 말은 가슴을 서늘하게 하는 충격 자체였습니다. 차량을 확인하지 않은 기사와 원생을 챙기지 못한 차량 인솔교사 그리고 담임교사 등의 '부주의 총합'이 일어나지 말아야 할 사고의 직접적 원인입니다. 이미 세상을 떠난 아이들은 돌아오지 못하지만 더는 이런 사고가 일어나지 않기를 바랍니다. 붕괴사고나 차량 방치 사고를 당한 아이들이 남의 아이로 타자화, 단순화되는 것이 아니라 모두의 아이라는 관점으로 이 일련의 사고들을 바라봤으면 합니다.

'한 아이를 키우는 데 한 마을이 필요하다'라는 말처럼 우리 각자의 돌아봄과 작은 관심이 아이들이 안전한 세상을 만드는 한 끗 차이를 만들어내지 않을까 생각하며 오늘도 도로를 지나가는 노랑 차량을 바라봅니다.

104세
생태학자의
생의
마지막 음악,
합창

## 20  104세 생태학자의 생의 마지막 음악, 합창

 오랜만에 운전대를 잡고 클래식 FM에 주파수를 맞춥니다. 마침 나오는 웅장한 교향곡이 자동차를 가득 채웁니다. 2018년 5월 10일 이후로 즐겨 듣는 베토벤 교향곡 9번 <합창>입니다. 이 곡을 들으려면 무려 72분에 달하는 에너지를 쏟아야 합니다. 물론, 음악 따로 저 따로 제각각 흘러갈 때도 있지만, 아무튼 말이죠. 에어컨을 가동하느라 차의 창문을 닫았기에 음악 소리는 출구를 찾지 못하고 온전히 저 한 사람을 위한 공연이 됩니다. 목적지를 향한 가속 페달을 밟기 전 잠시 눈을 감고 음악에 저를 맡겨봅니다. 이 곡에 연결된 세 명의 얼굴이 떠오릅니다.

 자신의 생애 마지막 곡을 지휘할 수 없었던 베토벤.
 4악장으로 구성된 이 곡은 베토벤의 마지막 교향곡이자 그의 교향곡 중에서 처음으로 사람의 목소리를 함께 편성해

만든 곡입니다. 4악장에서 네 명의 독창자와 혼성합창단이 등장하죠. 4악장에서 그들이 부르는 가사의 텍스트는 독일의 시인 쉴러가 1785년에 처음 쓴 <환희에 붙여서>가 초안이라고 전해집니다. 교향곡 9번에서 베토벤이 사용한 텍스트는 오리지널 버전은 아니지만, 가사에서 전달하고자 한 '인간 자신의 힘으로 낙원에 들어선다'라는 본래 의미는 변함이 없다고 합니다. 초연은 1824년 5월 7일 빈의 궁정극장에서 열렸는데, 베토벤은 그날 초연 무대를 지켜보고 있었지만 청력 상실로 다른 지휘자에게 지휘를 맡겼다는 그의 생애 마지막 교향곡입니다. (1827년 3월 사망)

'Freude(환희)'를 'Freiheit(자유)'로 바꿔 연주한 레너드 번스타인.

레너드 번스타인은 작곡가, 피아니스트면서 세계적인 지휘자입니다. 지극히 주관적인 제 기준으로 교향곡 9번 <합창>은 번스타인이 지휘하는 실황 영상이 최고입니다. 베를린 장벽이 붕괴된 1989년 크리스마스에 베를린에서 여러 나라의 연합 오케스트라가 <합창>을 연주했습니다. 이때 이미 폐암

선고를 받았던 번스타인이 지휘봉을 들었죠. 당시 동서 냉전의 종식을 상징하는 의미로 번스타인이 환희를 자유로 바꾸어 연주했다는 일화는 유명합니다. 더욱 큰 이유는 72분에 달하는 시간 동안 열정적이고 격렬하게 지휘를 하는 그의 몸짓을 볼수록 보고 듣는 이마저도 희열을 느끼게 하기 때문입니다. 30여 년 가까운 시간이 지난 영상임에도 마치 시공간을 초월해 저 또한 객석에 앉아있는 감흥을 여전히 느낄 수 있기 때문입니다. (1990년 10월 사망)

안락사로 떠나기 전 <합창>을 듣고 떠난, 생태학자 데이비드 구달.

2018년 5월 10일 이후로 맹렬하게 이 곡을 듣게 한 사람은 데이비드 구달 박사입니다. 66세에 은퇴한 후에도 100세까지 논문을 발표하고 102세까지 연구를 한 저명한 생태학자죠. 지난 5월 10일 전 세계 언론에 그가 스위스 바젤에 있는 '이터널 스피릿'이라는 기관에서 스스로 삶을 마쳤다는 뉴스가 보도됐습니다. 매년 80여 명이 이곳을 찾는데 대부분 아프거나 고령으로 심각한 고통을 겪는 이들이며 비용이 많이

들어 구달 박사도 모금을 통해 2만 달러 이상의 비용을 충당할 수 있었다고 합니다. 구달의 소식이 알려지면서 초고령화 사회에서 품위 있게 죽을 권리가 다시 논쟁이 되었습니다. 대부분 국가에서는 안락사<sub>조력자살</sub>를 비윤리적인 의료행위로 봅니다. 불치병에 걸리지 않은 이들의 안락사를 법적으로 허용하면 생명 경시 풍조가 확산할 것이란 우려가 있기 때문이겠죠.
(2018년 5월 사망)

> 나는 이제 앉아있는 것 말고는 할 일이 없다
> 다시 한번 내 발로 숲속을 걸어볼 수 있다면
> 마지막 날을 계획하는 지금,
> 이 순간 나는 우울하지도 참담하지도 않습니다.
> 눈물로 가득한 장례식은 치르지 말아 주세요.
> 시신은 해부용으로 기증해 주세요.
> 그리고 나를 잊어주세요.
> 저는 이제 다시 숲속으로 떠납니다.
> 생을 마칠 기회를 얻게 돼 행복합니다.
> 노인이 삶을 지속해야 하는 것으로부터
> 자유로워질 수 있는 도구로 내가 기억되기를 바랍니다.
>
> 데이비드 구달 박사의 마지막 말

그가 마지막으로 남긴 이 말을 여러 번에 걸쳐 읽고 낭독해 읽으며 생각합니다.

안락사에 대한 모든 논란을 걷어 내고 '품위 있게 죽을 개인의 권리'에 초점을 맞춰 본다면 그가 선택한 여행에 깊게 공감해주고 싶습니다. 베토벤 교향곡 9번 <합창>을 들으며 200여 년에 걸쳐 함께 떠올릴 수 있는 세 명의 거장들을 동시에 애도합니다.

평안하소서.

선택
그리고
코너링

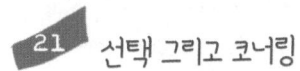

## 21  선택 그리고 코너링

삶은 우리에게 역경이라는 코너링을 선사합니다. 평탄한 길을 가다 갑자기 맞닥뜨린 커브 길에서 때론 얼마나 핸들을 돌려야 할지 전혀 가늠할 수조차 없을 상황이 종종 펼쳐지곤 합니다. 마음이 부서지는 상실로부터 저의 내면성과 근원을 회복하기 위해 속 깊은 곳에서 모퉁이 돌기를 합니다. 끝날 것 같지 않은 곡선의 원심력을 타고 넘으려면 절묘한 필살기를 찾아내야 합니다.

그렇게 무한 반복되는 시간과 공간의 수레바퀴 속에서 우리는 살고 결국 떠납니다. 이후, 또 다른 우리가 다시 삶이라는 플랫폼에 배치되어 살고 또 다른 우리가 그 플랫폼을 다시 또 떠나겠지요. 일생을 사는 동안 우리는 수억 번 이상의 선택을 하며 살아갈 것입니다.

이 모퉁이를 어떻게 돌 것인가.

모르는 타인을
위한
애도는
가능한가

# 22 모르는 타인을 위한 애도는 가능한가

종로 5가 좁은 골목길 입구에서 검게 그을린 분홍색 2층 여관 건물. 2018년 1월 여관 주인과 실랑이를 벌인 50대 취객의 방화로 투숙객 6명이 사망하고 4명이 크게 다친 종로 ㅇㅇㅇ 여관 화재 사건 현장입니다. 피해자 대부분은 근처 공장에서 일하며 낡은 쪽방 여관에서 장기투숙 중에 참변을 당해 더욱 안타까운 사건이었습니다. 며칠을 고민하다 사건이 일어난 지 10여 일이 지난 2월의 첫날, 얼음이 채 녹지 않은 종로 5가를 찾았습니다. 시장 뒤 골목길의 어둑함과 대비되는 쨍한 색감의 낡은 분홍색 건물을 향해 한 발 한 발 향하는 발걸음은 점점 무거워졌습니다.

건물 앞에서 서성이는데 여관 건물 옆 작은 밥집을 운영하시는 사장님이 타버린 주방의 쓰레기를 치우시며 주방이 다 타버려 생계였던 밥장사를 할 수 없다며 한숨을 쉬셨습니다. TV와 라디오, 인터넷 뉴스를 통해 사건을 보고 들었던 저는 왜 굳이 이 가슴 아픈 장소를 찾아왔을까요. 사건이 일어난 ooo 앞에는 안타깝게 사망한 이들을 애도하기 위해 시민들이 갖다 놓은 하얀 국화가 시든 채 여관 입구를 지키고 있었습니다. 그 뿐만 아니라 양은그릇에 놓인 타다만 향과 초콜릿, 사탕, 과자 등은 이미 많은 이들이 이 좁은 골목길로 찾아들어 애도했음을 짐작하게 했습니다. 인근 화원에서 세 송이의 분홍색 장미를 산 저는 이미 시든 국화 송이들 옆에 가만히 내려놓았습니다. 이 작은 여관을 삶의 휴식처로 지냈을 이들…. 그중에서도 저를 이곳으로 더욱 이끈 이들을 떠올리며.

그들은 방학을 맞아 전남 장흥에서 서울여행을 하러 온 30대 중반의 엄마와 10대 중학생 두 딸입니다. 방학을 맞아 여행하던 세 모녀가 서울에 도착한 첫날밤, 취객의 추악한 욕망 때문에 어이없고도 황망하게 삶을 마친 그들의 사연은 제 발걸음을 이곳으로 오게 했습니다. 특히, 한창 예쁜 것을 좋아할 어린 자매를 떠올리며 흰 국화가 아닌 분홍색 장미 세 송이를 그을린 분홍색 여관 앞에 두고 나오는 길에 모르는 타인을 위한 애도는 어디까지 가능한 것인지에 대한 상념이 몰려와 추운 날씨에도 대학로까지 천천히 걸어갔습니다.

해마다 그랬을까….

2017년에서 2018년으로 넘어오는 겨울은 유독 안타까운 화재사고가 잦았던 것 같습니다. 매체를 통해 연일 보도되는 사고 소식이 누구에게나 일어날 수 있는 상황들이라 더욱 움츠러들게 했던 겨울이었습니다. 너의 사고가 아니라 나의 사고, 우리의 사고로 치환될 수 있는 일상의 많은 사건·사고들에 위험이 도사린 일상을 이어가고 있다는 자각을 하게 되는 요즈음입니다.

더욱이 대한민국은 지난 2014년 세월호 사고 이후로 사회와 문화 속에서 겪은 온갖 애도의 경험이 만만치 않습니다. 팽목항으로 안산으로 그리고 도심의 여러 장소에서, 혹자는 '지겨울 정도'라 말할 정도로 노란 리본을 보았고 세 살 어린아이도 그 노란 리본이 무슨 의미인지 어렴풋이 알 정도로 모르는 이를 위한 깊은 애도의 터널을 통과해왔다고 생각합니다.

저는 2017년 초겨울 한 방송에서 느낀 그 먹먹함을 잊을 수 없어 강연에서 얘기하곤 합니다. 당시 뉴스에서 손석희 앵커가 현장실습 고교생 사망 사건에 대해 언급하며 2016년 5월, 사회적으로 논란이 됐던 구의역 스크린도어를 수리하다 사망한 청년의 사고를 회고했습니다. 끝으로 안전설비의 부재로 세상을 떠나는 피해자들이 더는 없길 바란다는 물음을 던지며 코너를 끝마쳤습니다.

"

세상은 도돌이표처럼 또 대책을 이야기한다.

안타까운 죽음 이후

법안들은 국회 문턱을 넘지 못했고,

타인의 아픔을 소비한 뒤

그 아픔을 망각했다.

그 안타까운 죽음에

우리는 책임이 없는 걸까?

"

그런데, 2018년 올해도 어김없이 그 도돌이표가 되풀이되고 있는 현실에 비통한 마음이 몰려옵니다. 지난 12월 11일 하도급 노동자 스물네 살 청년이 컨베이어 벨트를 점검하다 기계에 끼어 숨지는 사고가 일어난 것입니다. 스물네 살. 아직 제대로 피어보지도 못한 꽃다운 나이입니다. 더욱 분노하게 하는 것은 사망사고 뒤에 '80분간 그 사고 벨트를 가동'했다는 사실이며, 기자회견에 나선 청년의 어머니가 아들의 주검이 석탄 수레로 옮겨졌다는 브리핑을 들으며 가슴을 쥐어뜯는 장면에선 어머니의 아픔이 제게도 전달되었습니다. 그러나 어찌 그 아픔을 온전히 이해한다고 말할 수 있겠습니까. 모르는 타인을 위한 애도를 할 수는 있지만 다만 타인의 슬픔에 대한 예의를 최대한 갖추고자 하는 마음과 태도에 진심을 다하려 할 뿐입니다.

타자로 향하는 움직임을 통해 타인과의 관계 속에서 내가 존재함을 인식하며 타인의 슬픔에 대해 애도하는 사회문화가 조성되고 있습니다. 이렇게 너의 죽음을 애도하는 순간, '나'의 죽음 역시 애도의 대상이 될 수 있다는 것. 당신에게로 향하는 애도인 동시에, 그 죽음을 함께 나누는 '나'에 대한 애도이자 더 나은 세상을 위한 모두의 애도로 퍼져나가는 것입니다. 그렇게 애도는 필수불가결한 생존의 가치로, 필사적 회복의 움직임으로 안타까운 죽음과 불합리한 사회구조를 개선해나갈 수 있도록 추동해가는 주체가 되기도 합니다.

 알지 못하는 사람의 죽음 앞에서도 진심으로 슬퍼하고 애도할 수 있는 걸까요. 가능합니다. 직접적이든 간접적이든 타자의 죽음은 사회라는 공동체에서 살아가는 개인의 실존에 영향을 끼치는 매우 중요한 요소이기에 우리는 타자의 죽음에 주목하며 본능적으로 아파합니다. 세월호, 구의역, 강남역 등의 사건·사고 현장에서 한 사람 한 사람이 조용히, 그러나 들불처럼 애도의 물결을 이뤄감을 확인할 수 있었듯이요. 애도라는 '감정'에서 왜곡되고 뒤틀린 사회구조를 개선하고 우리의 인권과 존엄성을 지켜내고, 회복해나가는 '공공선'으로 재개념화되고 있습니다. 타인의 죽음을 일회적으로 소비하고 지나치기도 하지만, 쉽게 지나치지 못하고 망각하지 않으며 더 나은 세상을 향해 길을 만들어가는 사람들이 과거의 역사를 만들어왔듯 앞으로의 역사도 그렇게 나아갈 것입니다.

1,600km를
헤엄친
범고래 어미의
애도

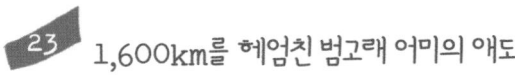

## 23  1,600km를 헤엄친 범고래 어미의 애도

2018년 여름, 태어나자마자 30분 만에 죽은 새끼를 보내지 못하고 머리와 부리를 이용해 물 위로 들어 올리며 나흘째 캐나다에서 미국 국경의 새터나 섬까지 끌고 이동하고 있다는 범고래 탈레쿠아 기사를 읽었습니다. 자꾸만 바닷속으로 가라앉는 새끼를 차마 보낼 수 없는 어미 범고래의 심경이 사진 한 장으로 전달되었습니다. 이후, 이 범고래가 무려 17일 간 캐나다 태평양 북서부 바다를 1,610km를 이동하며 이어온 애도 행동을 드디어 마쳤다는 후속 기사를 읽었습니다. 즉, 부패하기 시작한 새끼를 바닷속에 수장한 겁니다. 새끼를 잃은 비통한 마음을 스스로 달래며 죽은 새끼를 애도하는 듯한 범고래의 행동은 전 세계인들의 심금을 울렸지요. 범고래는 1993년, 미국에서 개봉해 전 세계적으로 사랑받았던 영화 <프리 윌리>에 나오는 고래로도 유명합니다.

사람은 물론이고, 생과 사를 겪는 모든 생명이 슬픔을 표현하는 것을 다시금 생각해보게 했습니다. 범고래와 돌고래 일부 중에서 죽은 새끼를 들어 올리는 행동이 간혹 관찰되고 과학자들은 사회성이 강한 고래류에서 보이는 '애도 행동'이라고 보는데, 길어도 보통 일주일 정도라고 합니다.

동물행동학자 바버라 킹은 탈레쿠아가 보인 행동은 범고래의 기본적인 행동이 아니며, 자신이나 새끼를 돌보는 게 아니라 노동을 하고 있다고 표현했습니다. 전문가들도 전례가 없는 애도 행동이라고 말한 17일간의 여정을 단순히 '노동'이라 할지라도, 탈레쿠아가 충분히 자신의 슬픔을 힘껏 표현하고 애도하며 긴 여정을 마치게 된 것에 '애썼다'라고 말을 건네고 싶다는 생각이 들 정도였지요. 이상 행동이라며 범고래 무리 안에서도 아마 그들의 언어로 '그만해라'라는 만류를 들었을 텐데 통계를 벗어나는 애도라는 감정과 몸의 노동을 충분히, 정직하게 통과하며 다시 삶을 살아갈 어미 탈레쿠아를 뜨겁게 응원하고 싶습니다.

드라마 도깨비,
마지막 회

## 24 드라마 도깨비, 마지막 회

'모든 날이 좋았다' 열풍의 주인공, <도깨비>.

국내는 물론 한류 드라마 배급으로도 엄청난 사랑을 받은 드라마입니다.

2017년이 끝나갈 무렵, 우연히 채널을 돌리다 재방영 중인 드라마의 마지막 회를 시청하게 되었습니다. 그 마지막 회를 보면서 많이 울었다는 분들의 이야기를 많이 들었는데, 저 또한 그랬지만 조금 다른 눈물이었습니다. 제 슬픔이 이기적이라고 해도 어쩔 수 없습니다. 제겐 그게 아팠으니까요. 그리고 저와 같은 '그 흔한 사람들'이 마지막 회를 봤다면 저와 크게 다르지 않은 애통함을 느꼈을거라고 생각합니다.

저승사자 왕여가 후배 저승사자를 불러 이야기합니다. 전생에 큰 죄를 지으면 저승사자가 된다는데 그 죄가 무엇인지 아느냐고. 바로 그 큰 죄는 스스로 생을 버린 죄라고 말합니다. 산 자도 죽은 자도 아닌 주요 등장인물이던 저승사자는 자살한 이들임을 암시하는 대사였습니다. 스스로 생을 버린 자들이 저승사자가 되어 수많은 이들의 죽음을 저승으로 인도하며 생에 대한 간절함을 느끼게 하는 형벌을 받는 것이라고 말이죠. 수많은 고민과 검증 끝에 마지막 대사가 됐을 겁니다. 왕여의 대사는 대사 그 자체로는 참 아름답기까지 했습니다.

그러나, 저는 스스로 생을 버린 자를 기억하고 사랑하는 자. 소중한 이를 잃고 남은 자인 저에게는 아프게 다가왔습니다. 드라마의 앤딩 크래딧이 올라가고 광고가 나온 이후에도 한참을 자리에서 일어나지 못했습니다. 대부분의 문화권에서 스스로 생을 마감한 이들에 대한 시선이 아무래도 곱지 않습니다. 인류가 생명을 귀하고 소중하게 여기려는 가치관에 대해서 암묵적으로 동의하고 있기 때문입니다.

스스로 생을 버린 그는 누군가의 딸, 누군가의 아들, 누군가의 엄마이자 아내, 누군가의 아버지이자 남편, 누군가의 친구, 누군가의 연인, 누군가의 제자이자 스승…. 또 누군가의 어떤 소중한 존재들. 눈을 감은 채 두 손을 모아봅니다. 그리고 중얼거립니다.

찬란하신 神이시여,
부디 그들에게도 안식과 평화를 주소서.

찬란하신 神이시여,
부디 그들의 죽음을 차별하지 말아 주소서.

애도받지
못할
죽음은
없다

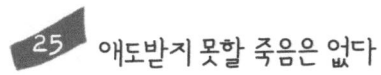
## 25  애도받지 못할 죽음은 없다

2018년 7월 23일과 25일, 노회찬 정의당 의원과 정미홍 전 대한애국당 사무총장의 사망 소식을 접한 대한민국은 큰 충격을 받았습니다. 정치적으로 수많은 어록을 남기며 뉴스 보도에 자주 오르내리던 두 분은 이틀 간격으로 세상을 떠났습니다. 한 사람은 스스로 생을 마감했고, 또 한 사람은 지병으로 세상을 떠났습니다. 두 죽음을 바라보는 우리 시대의 관점과 말, 행동은 사적이면서 동시에 공적인 SNS와 뉴스로, 얼굴을 마주하는 장소에서 쉴새 없이 쏟아졌습니다. 애도의 품격을 갖춘 행동과 언어가 이어졌습니다. 한편, 차마 지면에 담을 수 없는 조롱도 있었습니다. 직접적인 유가족이 아니어도 읽는 것만으로 심장을 헤집는 날카로운 언어로 난도질했습니다.

가장 참혹하게 여겼던 말은 '애도할 필요가 없다', '애도 받지 못할 죽음이다', '죽어서도 계속 고통받아라'라는 댓글이었습니다. 익명의 댓글 뒤에 숨어 뒤틀린 배설을 하는 네티즌 뿐만 아니라 공적인 위치에 있는 주요 인사들 또한 가릴 것 없이 '부끄러움은 당신의 몫'이라는 듯 말입니다. 두분의 죽음을 대하는 우리 사회의 섬뜩한 민낯을 만나며 그리스 신화 『일리아스$^{Ilias}$』 이야기로 '세상에 애도 받지 못할 죽음은 없다'라고 말하고 싶습니다.

최초의 그리스 문학이자 '트로이아 전쟁에 관한 시'라는 뜻을 지닌 호메로스의 서사시 『일리아스』에 아킬레우스가 등장합니다. 아킬레우스는 트로이를 공략하던 중 어릴 적부터의 친구인 파트로클로스가 전사하자 그의 죽음을 애도하며 친구를 죽인 트로이의 헥토르를 죽이고 그의 시신을 전차에 매달아 끌고 파트로클로스의 무덤 주위를 돌며 망자를 욕보이죠. 그러자, 헥토르의 아버지 프리아모스는 죽음의 위험을 무릅쓰고 적장 아킬레우스를 찾아가 아들의 시체를 돌려달라고 간청합니다. "아킬레우스여! 신을 두려워하고 그대의 아버지를 생각하여 나를 동정하시오"라고 말합니다.

아들 잃은 아버지의 간절한 얘기를 듣던 아킬레우스가 함께 통곡하고 맙니다. 프리아모스는 아들 헥토르를 위해 꺼이꺼이 울었고, 아킬레우스는 자신의 아버지를 생각하며, 때로는 파트로클로스를 위해 슬피 울며 그들의 울음소리가 온 집 안에 가득 찼습니다. 프리아모스의 부성애에 감동한 아킬레우스는 헥토르의 시체를 깨끗이 씻고 좋은 옷으로 덮어 짐수레에 싣고 진영을 몰래 빠져나갈 수 있도록 하며, 프리아모스가 아들의 장례를 치르는 기간은 공격하지 않을 것까지 약속합니다. 그 후, 아킬레우스는 파트로클로스에게 원수 헥토르를 그의 아버지에게 내준 자신을 원망하지 말고 용서하라며 울음을 토해냅니다.

타인의 고통과 슬픔에 대한 공감은 소년 시절 전쟁터로 와서 청년이 된 무자비한 전쟁 병기 아킬레우스를 성숙한 인간으로 만들어갑니다. 호메로스는 이 이야기를 통해 인간이 죽음에 직면할 때 보이는 숨겨진 고귀한 인격을 묘사했습니다. 비록 서로 죽이던 적이라 할지라도 서로의 고통과 죽음을 이해하고 공감할 수 있는 능력을 키워감은 인류애가 문명의 필연적 과정이라는 메시지를 전합니다.

숨이 턱턱 막히던 지난여름, 죽음을 대하는 우리 사회의 일부 일그러진 이면을 보며 인류의 가장 오래된 서사시 『일리아스』가 떠오른 이유입니다.

삶과 죽음의 그 한 끗 앞에서만큼은 애도할 수 있는 인간도人間道. 타인의 슬픔과 고통에 공감하는 것, 그런 슬픔과 고통이 반복되지 않도록 인간의 도리를 부단히 사유하는 것, 이것이 휴머니즘의 시작이라고 생각합니다.

누군가의 부재, 죽음은 '마땅히' 애도해야 합니다.

평생 동안 해야 할 일이 하나 있다면 그것은 슬픔에 대한 공부일 것이다. 타인의 슬픔에 대해 '이제는 지겹다'라고 말하는 것은 참혹한 짓이다. 정부가 죽은 사람을 다시 죽이려고 할 때, 그런 말들은 살아남은 사람들마저 죽이려 든다. 요컨대 진실에 대해서는 응답을 해야 하고 타인의 슬픔에는 예의를 갖추어야 한다. 이것은 좋은 문학이 언제나 해온 말이다.

엮은이 신형철 『눈먼 자들의 국가』 중

이미 떠난 고인을 비롯하여 우리 곁에는 그 모든 과정을 보고 듣고 느낀 가족, 친구, 동료들이 있으니 말입니다. 인간은 무엇인가, 인간이 인간임을 버리고 소름 끼치는 조롱을 퍼붓는 괴물이 되지 않기 위해 우리는 무엇을 해야 하는가를 다시금 돌아봅니다. 애도의 대상이 사회적, 정치적인 움직임의 중심에 서게 되면 첨예한 요소들이 작동하겠지만 말입니다. 그들도 그들의 남겨진 가족도 나와 당신과 다르지 않음을 잊지 말아야 할 겁니다. 삶은 우리의 경험과 인식을 가볍게 넘어서며 행동의 빈틈과 모순을 비웃으며 털어내기 어려운 슬픔을 선사합니다. 이미 세상을 떠난 이들은 돌아오지 못하지만, 자신에게는 죽음이 일어나지 않을 것처럼 타자화, 단순화시키지 않았으면 합니다.

"그의 심장은
아직
따뜻했습니다"

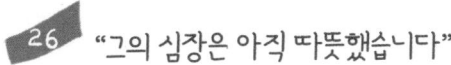

## 26 "그의 심장은 아직 따뜻했습니다"

2017년 10월 30일 저녁. 인터넷 뉴스와 소셜 네트워크에 속보가 삽시간에 와르르 올라오기 시작했습니다. 휴대폰, TV등이 쏟아내는 소식은 많은 사람의 탄식과 애통함으로 전환되었습니다. '배우 김주혁 사망'이라는 글자를 보는 순간 'Olmaz'란 단어만 맴돌았습니다. 터키어로 '아니, 그럴 순 없어. 그럴 리가. 믿을 수 없어. 있을 수 없는 일이야'라는 뜻입니다. 오직 그 한마디만 제 머리를 맴돌았고 가슴은 심하게 방망이질 쳤죠. 바로 그 며칠 전 백상예술대상에서 배우 김주혁의 수상 소식을 들으며 저는 그저 기분이 좋았습니다. 남들은 별로 닮지 않았다고 하지만, 저는 1박 2일 구탱이형, 김주혁의 말투, 표정, 행동, 마음씀이 동생 트루와 참 많이 닮아 보여서 예능프로그램이나 드라마를 거의 보지 않는데도 트루가 보고 싶을 때 1박 2일의 스팟 영상을 찾아보곤 했었습니다. 사고 소식을 듣고 심리적 감정선이 급속하게 무너지며 일을 하기가 어려웠고, 차마 뉴스와 사고 영상은 보지 못했습니다. 저로서는, 트루에 이어 두 번째 블랙아웃을 겪은 것만 같은 날이었습니다. 그의 사망과 사고 영상을 시시각각 쏟아내며 사고 원인과 사고 현장을 반복해서 내보내는 바쁜…. 말. 말. 말들이 이어졌습니다. 얼마나 빠르게, 얼마나 선정적으로 보여줄 것인가…. 그때, 떠오르는 사람이 있었습니다. 그라면, 이 참담한 이야기를 어떻게 전할까? 그의 말을 보고 듣고 싶었습니다. 3분이 채 안 되는 시간 동안 한마디 한마디가 심장에 새겨지듯 망자의 삶을 떠올리며 뉴스를 전하는 애도의 품격이 전해졌고 많은 시청자들이 그의 브리핑에 공감했습니다. 30여 년 전 기억으로 시작되는 자기 성찰이 담긴, 현실의 착잡함을 고백했습니다. 꽤 차가운 바람이 불던 그 밤. 집 옥상에 올라가 차량의 흔들리는 불빛을 보며 배우 김주혁이 출연한 영화에서 불렀던 세 곡의 노래를 들으며, 그를 애도했습니다.

30년 쯤 전. 11월의 쌀쌀해진 날씨 속. 저는 야근중이었습니다. 대개 방송사의 야근이라는 것은 일이 있건 없건 눈 붙이는 것은 쉽지 않아서 저는 거의 밤을 세우다시피하고 새벽녘이 되었을 때 갑작스런 제보가 하나 들어왔지요. 올림픽대로 동작대교 부근에 봉고차가 하나 뒤집어져 있다는 것이었습니다. 급히 달려 나가 보니 차량의 앞쪽은 거의 완파돼 있었고, 운전자는 현장에서 그만 사망한 뒤였습니다. 때가 김장철이어서 그런지 봉고차와 부딪힌 1톤 트럭에 실려 있던 배추가 사방으로 흩어져 더욱 정신이 산란했던 그 새벽…. 문제는 사망한 운전자의 신원을 알아내야 기사를 쓸 터인데 아무리 뒤져봐도 그 상황에서 그를 알아낼 단서는 찾기 어려웠습니다. 그래서 망설임 끝에 그의 안주머니에 손을 넣어서 면허증을 찾던 순간, 저는 놀라지 않을 수 없었습니다. 그의 가슴은 아직도 따뜻했기 때문입니다. 주소지가 은평구 수색동으로 돼 있던 그는 불과 몇 분 전 까지만 해도 가슴이 따뜻하게 뛰던 누군가의 가족. 삶과 죽음의 경계는 그렇게 찰나인 것이어서 허망하기도 하고 또한 두렵기도 한 것. 저는 다른 이의 그 엄숙한 경계선에 서서 단지 기껏 그의 신원을 알아내려고만 온갖 방도를 찾고 있었던 것이죠.

그리고 오늘 한 사람의 배우가 세상을 떠났습니다. 그는 마침 전에는 저널리즘을 다룬 드라마에 출연해서 그 나름의 철학이 있는 연기를 보여주어서 비록 그것이 드라마이고 또 연기였다고 해도 저희 같은 사람들에게는 일종의 연대감도 생겼던 터. 그의 안타까운 죽음을 놓고 겨우 몇 번째 순서에 얼마큼 보도할 것인가를 고민해야하는 착잡한 오늘. 굳이 그의 신원을 알기 위해서 안주머니에 손을 넣을 필요는 없지만 그래도 그의 가슴이 따뜻하리라는 것은 우리 모두가 알 수 있는 오늘. 앵커 브리핑이었습니다.

            2017.10.30. JTBC 뉴스룸의 앵커 브리핑 전문

하이,
트루

 하이, 트루

2018년 10월 27일, 7주기 아침 일찍, 친구가 보낸 메시지 한 통에 미소를 지었습니다.

> 밤에 잠은 좀 잤어?
> 구름 사이로 쏟아지는 햇빛이 아침을 깨웠네.
> 햇빛이 말을 하는 거 같아. 강해졌다 약해졌다.
> 반복적으로 빛을 비추네. 신기해. 반갑고 ^^
>
> Hi, True!
> 오늘도 기억하며♡
> 사는 날까지 기억하고 싶어.

Hi.

; 안녕. 安寧. 아무 탈 없이 편안함.

; 편한 사이에서, 만나거나 헤어질 때 정답게 하는 인사말.

그간 살아오면서 'Hi'라는 단어가 이렇게 싱그럽게 다가오긴 그 날 아침이 처음이었습니다.

아. 그래. 이 단어가 참 좋은 단어였구나 싶었습니다.

이제는 아무 탈 없이 편안하게, 평안하게, 안락하게, 지내기를. 그리고 앞으로는 너를 만나러 오고 헤어지며 '정답게' 인사해야겠구나.

돌아오는 기일마다 먹먹한 혹은 짐짓 괜찮아지려 애쓰는 마음으로 아침을 시작했었는데 이제는 대놓고 '하이!'라고 하면서 살아가야겠다고 마음을 다집니다.

무거움에서 정다움으로, 비통함에서 움직임으로 내 마음속에서 단어를 옮겨봅니다.

삶을
더
열망하게
하는 공간,
묘지

## 28. 삶을 더 열망하게 하는 공간, 묘지

삶은 수많은 상실과 회복의 이야기로 구성됩니다. 살아가는 동안 수없이 맞닥뜨리게 되는 상실 그리고 애도의 가치를 사색하고 싶었습니다. 그 사색의 본질에는 사람이란 끊임없이 형성되는 존재이지 결코 완성되는 존재가 아님을 인정하며 더 깊이 삶을 바라보고 싶었던 마음이 있습니다.

12월이면 그해의 각종 사건·사고들이 재조명되고 송년회 모임이 이곳저곳에서 왁자하게 일어나는 달이지요. 들뜬 연말연시 분위기에 생뚱맞은 생각일 수도 있겠지만 송년 모임 자리보다 더욱 강렬하게 끌리는 공간이 있습니다. 저마다 살아 있음, 삶을 강렬하게 느끼는 장소가 다를 것입니다. 어떤 이는 재래시장의 왁자함에서 그것을 느낀다 하고, 누구는 좋아하는 사람들과 맛있는 것을 나누는 식당이 될 수도 있겠지요. 패션모델은 시선을 한 몸에 받는 무대 런웨이가 될 수도 있습니다. 그렇습니다. 저마다 다릅니다. 다름을 그저 인정해주면 삶이 더 풍성해진다고 생각합니다. 저에게는 망자들의 공간인 능, 공원묘지, 가끔 해외에 나갈 때 여행 동선에 반드시 포함하는 공동묘지가 그러한 공간입니다. 한 해를 보내며 조용히 사색하는 시간을 갖고 싶기 때문입니다. 저는 '묘지 산책자'입니다.

> 망자가 묻힌 곳이 바로 묘지이다.
> 묘지는 죽음을 직접적으로 지시하는 물질적 기호다.
> 묘지는 죽음에 대해서 두 가지 기능을 지닌다.
> 하나는 '잊지 않기 위함'이고 다른 하나는 '추방하기 위함'이다.
> 얀 아스만

사무실이 흑석동에 있을 때에는 점심시간에 커피 한잔을 들고 서울현충원을 가끔 산책하곤 했습니다. 대부분 혼자만의 산책이었지만 때로는 함께 일하는 동료들에게 '산책가자~~'라고 제안하면서요. 초입에서 만나는 장병들의 묘지에서 장군의 묘지로, 그리고 정치적으로 첨예한 상징의 장소인 역대 대통령들이 잠든 서울현충원을 걸으며 삶과 죽음에 대해,

혹은 그날의 점심 메뉴에 관한 이야기도 나누며 산책합니다. 근·현대사의 격동기를 거치며 이곳에 묻힌 한국전쟁 당시의 어린 장병 개인의 삶과 현재 대한민국의 격동기 역사를 고스란히 품은 죽은 자들의 공간까지 이미 그곳은 그들만의 공간이 아닙니다. 산 자들의 세상과 촘촘히 연결되어 끊임없이 뉴스로, 사람들에 의해 소환되며 살아있는 자들과 함께 다시 역사가 쌓여나갑니다. 다양한 크기와 형태의 묘들이 정렬하여 운집한 서울현충원을 산책하다 보면 죽어서도 권력은 끝나지 않음을 시각적으로 선명하게 볼 수 있습니다.

죽은자는 사회에서 사라지는 것이 아니라 산 사람과는 다른 모습을 지닌 사회의 한 구성원으로 존재합니다. 묘지는 살아있는 자들에게는 망자에 대한 기억을 소환하고 간직하는 대표적인 메모리얼 플랫폼입니다. 누구나 피해갈 수 없는 일회적이고 보편적인 죽음을 장소성으로 상징하는 묘지는 삶과 죽음의 원형질을 품고 있는 공간이죠. 즉, 죽음 앞에서의 존재임을 망각하지 못하게 하는 장치인 셈입니다. 누구나 인생에서 마주할 수밖에 없는 죽음의 순간을 나는 어떻게 준비할 것인가. 특히 한국인에게 묘지란 삶과 분리되어 있지 않습니다. 차례를 지내거나 성묘를 할 때 산 자들은 무덤 속의 조상들에게 말을 건네고 스스로 답하기도 합니다. 산 자들과 죽은 자들은 묘지에서 깊게 교감하며 알게 모르게 죽음은 단절이 아닌 또 다른 삶에 이르는 과정임을 몸으로 체화하고 전달하는 문화가 일상 속에 스며들어 있습니다.

묘지에 들어서면 아주 짧은 한순간이라도 '나의 죽음'에 대해 연결해서 생각할 수밖에 없습니다. 걷다 보면 어느새 그곳의 망자들과 사적인 상실의 대상과의 구분과 경계가 무의미해집니다. 그저 오롯이 산 자와 죽은 자가 전기가 서로 통하듯 감응感應하며 일치되는 시간으로 흘러가고 이어집니다. 그리고 그 시간에 더없이 깊고 숙연해지며 삶을 더욱 열망하게 하는 공간이 됩니다.

'죽음을 기억하라Memento mori 모든 생명은 죽는다'. 이 말은 유한한 삶을 살아야 하는 인간에게 죽음 자체를 두려워하라는 의미가 아닐겁니다. 삶이라는 일회성이 적용되는 자리에 죽음의 의미를 선명하게 인식시키는 명제입니다. 죽음에의 사색을 통해 삶에 대한 겸손함과 함께 살아가고 있는 관계들이 주는 삶의 가치를 뜨겁게 찾아내고자 함입니다. 즉, 타자의 죽음과 내 삶은 동시에 이어져 연결되고 있습니다. 지금 이 글을 읽는 이 순간에도.

지방에 가거나 해외여행의 기회가 생기면 그곳의 대표적인 공동묘지를 찾곤 합니다. 간혹 동행자들이 의아해하고 섬뜩해 하기도 하지만 대부분은 '덕분에 특별하고 좋은 시간이었어'라는 화답을 듣게 됩니다. 몇 년 전 파리여행에서도 꼭 가보고 싶었던 시립묘지를 동선에 넣고 이른 아침 찾아갔습니다. 어쩌면 파리여행에서 제게 가장 중요한 장소는 바로 파리 동부에 있는 '페르-라쉐즈 공동묘지'였습니다. 전철노선의 역명이기도 할뿐더러 전철에서 접근성이 좋았던 공원묘지입니다. 여행 동행자들이 아침 8시부터 50만 명의 유해가 안치되어 있고 13만 8천 평에 이르는 거대한 묘지를 들어가기를 꺼렸기에 굳이 강요하지 않고 기다려달라고 했습니다. 저에게는 파리에 온 가장 중요한 이유이기도 했기에 결코 포기할 수 없는 동선이었죠. 그 가을날 아침, 눈 앞에 펼쳐지는 풍경에 숙

연함과 설렘에 심장이 쿵쾅거리던 기억이 여전히 생생합니다.

　페르-라쉐즈 묘지는 파리 제20구 초입 메닐몽탕 가, 지하철 페르-라쉐즈 역에 인접한 곳에 있습니다. 이곳은 세계에서 가장 먼저 문을 연 공설묘지이자 유명 박물관에 준하는 대접을 받는 묘지로 알려져 있습니다. 이 묘지는 파리지엔들의 자부심이자 마음의 고향과 같은 존재이며 세계적인 명성을 지닌 예술인, 정치가 등 명사들이 잠든 곳입니다. 저는 수많은 유명인 중에서도 사이키델릭 록의 전설 짐 모리슨과 탐미주의 작가 오스카 와일드, 마르쉘 프루스트를 꼭 만나고 싶었습니다. 그들은 가고 없지만 그들의 묘지 앞에 서서 애도하고 기억하고 시선을 보내고 싶었고, 그것을 실현했습니다.

　출국하기 전 이곳에 들른다 하니 한 친구는 제게 그곳에 잠든 쇼팽에게 '원격 애도'를 부탁했습니다. 반갑고 유쾌한 제안이었습니다. 부탁을 받은 쇼팽의 묘지를 찾았는데, 이른 아침 쇼팽의 묘지 앞에는 통통하고 반질반질한 밤송이들로 하트를 만들어 둔 누군가의 발걸음이 저보다 먼저 당도해 있었습니다. 햇볕이 좋은 날이면 산책 나온 주민들이 묘지 곳곳에 있는 벤치에서 책을 읽거나 명상에 잠기는 공원이 된다는 이야기는 도시묘지 문화에 대한 신선함으로 다가왔습니다.

일본에도 많은 공동묘지가 주택가와 공존하고 있어서 교토의 골목길을 걷다보면 신사의 묘지를 마주하게 됩니다. 빽빽한 비석들로 가득 찬 묘지를 보면, 죽음을 맞대고 죽음이 지척에 있음을 아무렇지 않게 받아들이며 사는 느낌입니다.

페르-라쉐즈,
세상에서 가장 아름답고 분주한 도시인 파리 한 모퉁이에 자리한 죽은 자들의 안식처. 일상의 소음도 파리지엔들의 사랑 이야기도 여기 누워 잠든 이에겐 한낱 부질없는 몸짓에 지나지 않는다. 차갑게 늘어선 묘비의 숲을 지나 한적하게 떨어진 곳, 여기가 바로 200여 곡의 주옥같은 피아노곡을 남긴 피아노의 시인, 피아노의 영혼, 피아노의 마음으로 불리는 프레드릭 쇼팽이 묻힌 땅이다."

<파리지엔의 묘지안내 Guide Des Cimetieres Parisens> 중

# The Reader,
# 책
# 읽어주는 누나

## 29. The Reader, 책 읽어주는 누나

　트루를 보러 가면 책을 읽어줍니다. 동생이 남긴 책에서 접어두거나 밑줄 친 부분을 골라내어 읽어주기도 하고, 제가 읽은 책에서 들려주고 싶은 부분을 읽어주기도 합니다. 소주 한 병과 캔맥주를 사 가서 '트루의 카푸치노'라 부른 소맥을 제조해 동생뿐만 아니라 하루 이틀 간격으로 그 소나무에 함께 잠들어계신 열 한분께도 골고루 한 잔씩 올립니다. 이승에서의 마지막 집인 소나무 아래 함께 잠든 동거인들에게 트루의 카푸치노를 동그란 원을 그리며 부어드립니다. 그리고, 저도 한 모금 홀짝 마십니다.

　'누나, 소주 한잔하자'라며 여러 번 보낸 문자를 '누나, 나 힘들어. 내 얘기 좀 들어줘'라는 속말로 알아듣지 못한 그 어리석음과 게으름을 뒤늦게 반성하면서.

트루가 떠나고 황망했던 그 밤부터 새벽까지의 시간이 저는 아직도 생생합니다. 유서와 함께 조혈모세포 및 장기기증 동의서, 필요한 이들에게 기부하고 남겨진 헌혈증과 적십자사로부터 받은 감사패 등등이 책상 서랍 속에 있었지요. 가족 일부는 만류했지만, 힘없는 글씨로 장기기증을 해 달라고 남긴 당부를 외면할 수 없어 급히 관련 기관을 찾아 절차를 진행하고자 했습니다. 그러나, 이미 시간이 많이 지체되었기에 조혈모세포와 주요 장기기증은 불가능했고, 안구기증만 가능했습니다. 상황을 가족들에게 공유하고 새벽 3시가 넘어 병원에서 관련자들을 만나 안구 기증 절차를 진행했습니다.

　당사자의 당부대로 최선을 다해 행동한 것이지만, 기증 절차를 끝낸 동생의 얼굴을 확인했던 것은 또 다른 아픔과 충격을 제게 남겼습니다. 그 이후로 제 꿈에 나오는 동생은 단 한 번도 얼굴을 보여주지 않았고, 뒷모습으로만 나타났습니다. 꿈속에서도 그 모습이 가슴 아파 여러 번 엉엉 소리를 내며 울다 깨고는 했습니다.

2년이 지난 후, 친구와 함께 제주 여행을 떠났습니다. 친구가 스페셜 이벤트로 준비한 협재 바다가 보이는 아름다운 게스트하우스에 묵었습니다. 그곳 사장님은 서울에서 직장생활을 하던 분이었는데 제주로 이주하신 분이셨지요. 숙소에 머물며 이런저런 이야기를 나누다 보니 제주로 오기 전, 서울 마포구 도서관에서 주말이면 시각장애우에게 책을 직접 읽어주는 '대면낭독' 봉사를 하셨다는 이야기를 듣게 됩니다. 이후, 해당 도서관에서 2주에 1회씩 그분이 읽고 싶어 하는 책을 직접 읽어드리는 대면낭독 봉사활동을 제가 이어받아 1년 넘게 진행하게 되었습니다. 트루와 비슷한 연배였던 청년은 시력이 거의 남아있지 않았습니다.

2015년 봄부터, 진행하던 프로젝트가 매우 바빠져 주말도 없이 일하느라 봉사를 중단하게 되었지만, 매우 독특한 분야의 책에 흥미가 많은 분이었습니다. 이따금씩 '지금은 어떻게 책을 읽고 계실까' 궁금합니다. 그분과의 인상적인 에피소드 중 하나는, 2014년 12월부터 2015년 4월에 걸쳐 국립중앙박물관에서 전시한 <로마제국의 도시문화와 폼페이> 전시

관람을 제가 제안한 것입니다. 전시를 앞두고 두 달여 간 '폼페이' 관련한 책을 골라 미리 역사와 문화적 배경에 대한 이해도를 높인 후, 전시장에서 4시간에 걸쳐 일대일로 그분을 안내하며 보이지 않는 유리 너머의 전시콘텐츠를 설명하고 손으로 모양을 만들어 만져보게 하는 도서관 밖 책읽기를 진행했던 겁니다. 누군가에게 시력을 선물로 주고 떠난 트루와 태어나 한 번도 색을 본 적이 없는 그 청년에게 어쩌다 저는 그렇게 책 읽어주는 누나가 되어갔습니다.

# 콜록콜록, 낱말 놀이

## 30 콜록콜록, 낱말 놀이

때때로 갑자기 훅~치고 들어오는 '단어'들이 있습니다. 현대인들은 하루에도 헤아릴 수 없을 정도로 많은 활자 속에서 살아갑니다. 'ooo를 보다가 문득 생각이 나서 소식 전해'라고 메시지를 보낸 경험을 떠올리면 이해되실 겁니다. 그중에는 미소를 짓게 하는 단어도 있고, 몹시 그립고 먹먹하게 하거나, 눈을 질끈 감게 되는 고통스러운 단어도 있습니다. 조심스럽게 하나씩 하나씩 모습을 보이다가 마침내 모든 단어가 자신의 자리를 찾고, 문장을 만들며 저에게 말을 걸어옵니다. 제 가슴속에서 트루와의 관계를 상징하는 이런 단어를 만나게 되면 때론 웃기도 심장에 빗금이 그어지기도 합니다. 그래도 이 단어들을 제 삶에서 삭제하고 싶지 않습니다. 선술집 이자카야에 가면 '누나, 이자카야에 처음 가면 다른 거 말고 타코 와사비를 먼저 시켜서 그 집의 재료 신선도를 알아보는 거야'라며 수저와 물을 챙겨주던 그 얼굴을 떠올립니다.

소나무

인도 배낭여행

트루릴리전　　　119 구급차

브라우니　막내

　　　　　　　　　　달그락

발렛 파킹 박스　어린왕자

　　　　　　　　　　카푸치노

안구 기증　　　　　비통한

　　　　　웅아

　　　　　비요크

　　　　　골목길

　　　　타코 와사비

　<상실로부터의 사색>이라는 인문 강연<sub>부제 : 애도 탐구</sub>을 진행할 때 참여자들에게 낱말 블록을 나눠주며 5~7개 정도 자유롭게 선택하게 했습니다. 막상 상실의 기억을 직접 꺼내 언어로 표현하려면 대단히 어렵고, 막막하고, 어디서부터 시작해야 할지 힘들기 때문입니다. 그때 주어진 낱말은 어디선가 나타나는 홍반장처럼 조력자가 되어줍니다. 7년의 세월을 통과

해오며 저 혼자 놀이하듯 썼던 방법입니다.

터질 것 같은 압력밥솥처럼 쉭쉭 쉭쉭~격렬한 소리를 내는 내면의 압력을 무엇으로든 표현하고 싶을 때, 제가 할 수 있는 방법은 끄적임이었습니다. 무엇이라도, 어떻게든 가슴 속 뜨거운 응어리들을 즉각적으로 배출시킬 수 있는 통로는 언어였습니다. 지하철, 버스, 거리, 카페, 강의실, 사무실. 주변에 보이는 활자들을 스캔하듯 보며 가슴 안으로 들어오는 단어들을 무작위로 조합하다 보면 서로 낯선 것들이 만나 연결되며 문장이 되었기 때문입니다.

강연하면서 누군가에게 말을 시키면 상당히 부담스러워합니다. 그런데 낱말 또는 사진 등의 도움을 받으면 저마다 꺼내기 어려웠던 상처를, 낱말의 순서를 자유롭게 배열하면 참여자들이 언어로 나눌 수 있었습니다. 처음엔 주저하던 참여자들도 '이야기를 하다 보니 이런 게 떠오른다', '어떻게 꺼내야 할지 몰랐는데 이 단어를 보니 내게 매우 의미 있는 단어였음을 깨달았다'라고 소감을 전해주셨습니다. 무작위로 주어진 단어로 기억과 의미의 재구성 과정을 거쳐 언어로 전환되는 시간이었습니다.

　어울리지 않을 것 같던 단어들이 사랑과 슬픔, 기억, 그리움으로 얼기설기 엮여 의식의 수면 위로 떠 오릅니다. 내면의 감정에 직면하여 자기 자신을 관찰하게 됩니다. 상처를 언어로 해체하고 생성시켜나가는 감정 노동은 사람마다 정도의 차이는 있겠지만 회복에 도움이 될 수 있습니다.

　애도는 언어라는 플랫폼없이는 대단히 어려운 과정이라고 생각합니다. 음악, 영화, 그림, 무용 등도 그것을 설명할 때는 다시 언어의 영역으로 끌어 내게 됩니다. 자신의 상실감을 뒤로 던져두고 회피하는 것에서 좀 더 주체적으로 자신을 발견하고 이를 언어로 표현하는 과정은 삶의 통찰을 얻어나가는 성장을 겪으며 비탄의 감정으로부터 빠져나가는 회복의 문을 만날 수 있다고 생각합니다.

가장자리도
괜찮다

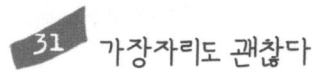

## 31 가장자리도 괜찮다

요즈음 '가장자리'를 자주 생각합니다. 길을 걸으면서도 문득 '나는 지금 어디에 있을까'라는 질문을 던지고 있는 나를 발견하곤 합니다. 개인으로서의 나, 일하는 자로서의 나, 여러 사회적 관계 속의 나. 크고 작은 사건, 사고들을 겪으며 반드시 중심부에 있어야 할 필요는 없다고 생각하게 됩니다. 경계선 위의 아찔함도 있고, 고단함과 적막감 또는 위험성도 있겠지만 구석과 가장자리가 존재하기에 중심이 있습니다.

교차점이면서 연결선. 중심을 존재하게 하며, 시작과 끝이 되는 가장자리. 즉, 가장자리 스스로 플랫폼이 되어 거듭제곱의 효과를 발휘하며 엮어내는 새로운 변곡점이 됩니다. 반드시 중심부에 있어야 하는 것은 아닙니다. 연결망 어딘가에 자리 잡고, 연결을 꾸준히 생산하고 퍼뜨릴 수만 있으면 괜찮습니다. 가장자리도 괜찮습니다.

탁~
차고
올라오는
거야

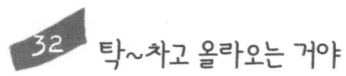 탁~차고 올라오는 거야

> **"**
>
> 잊으려고 하지 말아라.
>
> 생각을 많이 하렴.
>
> 아픈 일일수록 그렇게 해야 해.
>
> 생각하지 않으려고 하면 잊을 수도 없지.
>
> 무슨 일에든 바닥이 있지 않겠니?
>
> 언젠가는 발이 거기에 닿겠지.
>
> 그 때 탁 차고 솟아 오르는거야.
>
> **"**
>
> 신경숙 『기차는 7시에 떠나네』 중

어느 건물 화장실 문에 누군가 써놓았던 글입니다. 동생을 보낸 지 1년 정도 지났을 때였습니다. 이 글을 화장실 안에서 반복해 읽다가 주체할 수 없이 눈물이 솟구쳐 빨개진 눈으로 나왔습니다.

　이 아픈 마음을 어떻게든 빨리 처리해야 한다는 압박감을 느끼던 시기였습니다. 슬픔을 통제하는 압력이 가득 차올라 편두통이 심했던 그 무렵, 눈물이 내 몸을 흐르도록 무장 해제시켜버린 글이었습니다. 그 화장실 문에 매직펜으로 그 문장을 남겼을 그녀도, 많이 아파했던 사람인가 봅니다. 자신에게 또는 누군가에게 전하고 싶었을 거로 생각합니다.

　한없이 내려갈 때는 바닥이 어디인지 누구도 짐작하기 어렵습니다. 바닥은 바닥에 닿았을 때만 바닥임을 인지할 수 있죠. 그래서 우리는 내려갈 때보다도 바닥에 닿았을 때 안도하게 됩니다. 바닥이라는 것은 더 내려가지도 않을뿐더러 최악도 그냥 바닥일 뿐입니다. 다만 바닥에서 치고 올라오는 시간이 얼마나 길고 짧은지가 다를 뿐입니다. 바닥에서 치고 올라가기 위해서는 아파하고 충전하는 숙성의 시간이 필요합니다.

　상실의 아픔은 필요한 시간만큼 걸린다는 것을. 상실은 뭔가를 채워야 회복됩니다. 채우기 위해서는 이미 채워져 있는 무언가를 비워내야 새로운 공간이 생기고 무엇을 채울지 고민

합니다. 급하게 채우다 보면 사실은 괜찮지 않은데 주변의 재촉과 시선에 짐짓 괜찮다고 말하는 것들로 채울 수 있습니다. 충분히 시간을 갖고 천천히 나아가야 합니다.

그리고 우리가 할 일은 마음이 보내는 메시지를 제대로 알아차릴 수 있도록 충분히 기다리며 지켜보는 것입니다. 저도 그래서 이 글을 쓰고 있는 것 같습니다.

내가 나에게
보내는
108개의
명상 메시지

내가 나에게 보내는 108개의 명상 메시지

잇단 사고 후유증으로 예전처럼 걷기, 마라톤 등의 운동을 하기가 어려워지자 떠올린 대안이 '절 운동'이었습니다. 절은 명상음악 또는 명상언어와 함께 실행 시, 마음과 몸의 근육을 다져나가며 몸을 쓰는 데 도움을 준다고 합니다. 그 당시 수술 후 회복을 위해 제 목소리로 108배 명상문을 녹음하여 절 운동을 했습니다. 지극히 주관적으로 분류하고 재구성한 108개 문장이지만, 가능하면 더 영적으로 자기탐구와 긍정성 개입을 담아내고자 했습니다.

『나를 깨우는 108배』에서 소개한 명상문을 기본으로 하였으되, 금강경과 반야심경, 실존철학, 긍정심리학 등 개념을 추가하여 문장으로 정리했습니다. 저의 몸과 애도, 회복을 위한 메시지를 중심으로 작성하였습니다만, 종교적 치우침 없이 심리적으로 자유로울 수 있도록 만들었습니다. 제가 108배를 할 때 평균적으로 소요되는 약 25분을 기반으로 하여, <영성과 회복의 108배 몸쓰기_25분 Resilience Program>으로 네이밍 했습니다. 108개의 문장은 크게 4개 테마로 분류하여 제 목소리로 녹음했습니다. 감사 33개, 되돌아봄 28개, 회복 14개, 바람 33개로 재구성했습니다. 그리고 스마트폰에 저장하고 몸과 마음의 회복을 위한 절 운동 음원으로 사용했습니다. 자신의 상황, 신념, 바램에 맞게 고쳐 사용하시는 것도 좋은 방법이라고 생각합니다.

영성과 회복의 108배 몸쓰기_25분 Resilience Program

○ ○ ○ ○ ○ ○
감사의 몸쓰기

1.
이 세상에 태어나게 해주신 부모님께 감사하며 절합니다.

2.

지금 여기 내가 존재함의 경이로움에 감사하며 절합니다.

3.

나의 육체와 영혼의 소중함에 감사하며 절합니다.

4.

길을 잃고 헤매는 내게 손을 내밀어 잡아준 인연에 감사하며 절합니다.

5.

내가 찾는 소중한 인연들은 이미 내 곁에 가까이 있음에 감사하며 절합니다.

6.

모든 생명은 하나로 연결되어 있다는 것을 알게 되어 감사한 마음으로 절합니다.

7.

모든 생명은 소통과 교감이 이루어진다는 것을 알게 되어 감사한 마음으로 절합니다.

8.

생명의 신비로움을 알게 되어 감사한 마음으로 절합니다.

9.

바람에 흔들리는 풍경소리의 아름다움을 알게 되어 감사한 마음으로 절합니다.

10.

계곡의 시냇물 소리의 시원함을 느낄 수 있어 감사한 마음으로 절합니다.

11.

무지개의 황홀함을 알게 되어 감사한 마음으로 절합니다.

12.

자연에 순응하며 조화롭게 사는 것을 알게 되어 감사한 마음으로 절합니다.

13.

자연이 생명 순환의 법칙이라는 것을 알게 되어 감사한 마음으로 절합니다.

14.

자연이 인류의 스승이라는 것을 깨닫게 되어 감사한 마음으로 절합니다.

15.

가장 큰 재앙이 미움, 원망이라는 것을 알게 되어 감사한 마음으로 절합니다.

16.

가장 큰 힘이 사랑이라는 것을 알게 되어 감사한 마음으로 절합니다.

17.

하루 중 나 자신과 고요히 만나는 빈 시간이 주어짐에 감사하며 절합니다.

18.

살아있다는 것은 기억을 만들어가는 것임을 깨달아 감사하며 절합니다.

19.

인연을 떠나보낸 기억으로 성찰, 애도를 통해 삶을 더 존중하게 되어 감사하며 절합니다.

20.

자연에게서 받은 옷을 벗고 본래의 곳으로 돌아가는 생사의 평등함에 감사하며 절합니다.

21.

한 여름밤의 꿈같은 아름다운 기억의 한 조각이 내게 있음에 감사하며 절합니다.

22.

살면서 가지 않은 길에 대한 후회보다 걸어온 길에 대한 소중함에 감사하며 절합니다.

23.

봄, 여름, 가을, 겨울 사계절을 경험하게 해주는 지구의 기울기에 감사하며 절합니다.

24.

죽은 지식보다 생기있는 지혜로 나와 우리의 행복을 가꿀 수 있음에 감사하며 절합니다.

25.

내 몸의 관절을 움직여 몸과 마음의 균형을 유지할 수 있음에 감사하며 절합니다.

26.

낯선 이에게 베푼 친절로 공동체의 삶이 더 풍요로워질 수 있음에 감사하며 절합니다.

27.

나이와 무관하게 나와 타인의 잠재력을 긍정하고 개척할 수 있음에 감사하며 절합니다.

28.

온전하게 믿어준 단 한 사람으로 충만한 삶을 살 수 있음에 감사하며 절합니다.

29.

깊은 친밀감으로 나를 지탱해주는 귀한 인연이 곁에 있음에 감사하며 절합니다.

30.

거칠고 높은 풍랑을 헤치며 살아낸 나를 뜨겁게 축복하고 감사하며 절합니다.

31.

타인에게 내밀어 붙잡아 줄 손이 있음에 감사하며 절합니다.

32.

사랑한다는 것은 상대의 약점과 강점을 함께 인정하는 것임을 감사하며 절합니다.

33.

일 년 뒤, 십 년 뒤 일어날 일에 대한 걱정보다 지금 여기 오늘에 감사하며 절합니다.

○ ○ ○ ○ ○   ○ ○ ○
되돌아봄의 몸쓰기

34.

나는 어디서 와서 어디로 가는가를 되돌아보며 절합니다.

35.

나는 누구이며 내가 원하는 진정한 삶은 무엇인가를 되돌아보며 절합니다.

36.

나는 행동하지 않으며 타인의 행동을 비난한 것을 되돌아보며 절합니다.

37.

부모님의 은혜에 대해 당연하게 생각하며 감사한 마음을 잊고 살아옴을 되돌아보며 절합니다.

38.

배울 수 있게 해 준 모든 인연을 잊고 살아옴을 되돌아보며 절합니다.

39.

입고 먹을 수 있게 해준 모든 인연을 잊고 살아옴을 되돌아보며 절합니다.

40.

내가 내뱉은 모진 말로 인해 악연이 된 인연을 되돌아보며 절합니다.

41.

교만함으로 인해 악연이 된 인연을 되돌아보며 절합니다.

42.

시기심으로 인해 악연이 된 인연을 되돌아보며 절합니다.

43.

원망하는 마음으로 인해 악연이 된 인연을 되돌아보며 절합니다.

44.

인색함으로 인해 악연이 된 인연을 되돌아보며 절합니다.

45.

서운함으로 인해 악연이 된 인연을 되돌아보며 절합니다.

46.

집착하는 마음과 말과 행동을 되돌아보며 절합니다.

47.

오직 나의 즐거움과 이익을 우선하여 살아온 것을 되돌아보며 절합니다.

48.

내 몸으로 받은 느낌만 옳다고 생각한 어리석음을 되돌아보며 절합니다.

49.

내 눈으로 본 것만 옳다고 생각한 어리석음을 되돌아보며 절합니다.

50.

내 귀로 들은 것만 옳다고 생각한 교만함을 되돌아보며 절합니다.

51.

내 코로 맡은 냄새만 옳다고 생각한 어리석음을 되돌아보며 절합니다.

52.

내 입으로 맛본 것만 옳다고 생각한 어리석음을 되돌아보며 절합니다.

53.

세상의 공기를 더럽히며 살아온 어리석음을 되돌아보며 절합니다.

54.

세상의 물을 더럽히며 살아온 어리석음을 되돌아보며 절합니다.

55.

이 세상을 많고 적음으로 분별하며 살아온 어리석음을 되돌아보며 절합니다.

56.

이 세상을 높고 낮음으로 분별하며 살아온 어리석음을 되돌아보며 절합니다.

57.

이 세상을 내가 좋고 나쁨으로 분별하며 살아온 어리석음을 되돌아보며 절합니다.

58.

병든 사람에 대한 자비심의 부족함을 되돌아보며 절합니다.

59.

슬픈 사람에 대한 공감이 부족했음을 되돌아보며 절합니다.

60.

배고프고 가난한 사람에 대한 자비심의 부족함을 되돌아보며 절합니다.

61.

외로운 사람에 대한 자비심의 부족함을 되돌아보며 절합니다.

○ ○ ○　○ ○ ○
회복의 몸쓰기

62.

소중한 이가 떠난 마음의 빈 공간을 채운 고통과 슬픔을 비워내 회복해가며 절합니다.

63.

비워진 마음의 공간이 함께했던 찬란한 기억으로 채워짐에 회복해가며 절합니다.

64.

소중히 여긴 본질은 사라지지 않으며 나의 삶으로 명료하게 이어져 회복해가며 절합니다.

65.

고통스러운 기억보다 함께 행복했던 순간을 기억해 회복해가며 절합니다.

66.

나뭇잎의 흔들림에도 떠오르는 얼굴에 슬픔보다 감사함으로 회복해가며 절합니다.

67.

근본적인 자기 탐구와 이해를 통해 나 자신과 화해하고 회복해가며 절합니다

68.

나는 왜 아프고 혼란스럽고 괴로운가라는 물음에 직면하며 회복해가며 절합니다.

69.

외부의 힘으로부터 부서지지 않는 내면의 온전한 힘을 발휘해 회복해가며 절합니다.

70.

지금 이 순간, 이 순간을 살아가며 순간들이 모인 나의 삶을 회복해가며 절합니다.

71.

사랑과 감사의 눈으로 삶이라는 숲을 담대하게 걸어 회복해가며 절합니다.

72.

상처 없는 삶은 없으며 나의 삶의 역사로 통합해 회복해가며 절합니다.

73.

가장 밝은 빛은 바로 내 내면의 빛임을 깨달아 회복해가며 절합니다.

74.

상실을 내 삶의 일부로 받아들이는데, 시간이 필요함을 수용해 회복해가며 절합니다.

75.

나 자신에게 울음을 허락하고 인정하여 회복해가며 절합니다.

○ ○ ○  ○ ○ ○
바람의 몸쓰기

76.

무엇보다 나를 알고 나를 찾고 나를 다스리는 지혜를 바라며 절합니다.

77.

곤란함이 찾아올 때 내 안의 강한 자성을 떠올려 뚫고 나올 것을 바라며 절합니다.

78.

매 순간이 마지막인 듯 사무치게 최선을 다해 살기를 바라며 절합니다.

79.

작은 은혜로움을 사소하게 여기지 않고 크게 키워나가기를 바라며 절합니다.

80.

스스로 친 울타리와 갑옷의 경계를 넘어 더 큰 나를 만날 수 있기를 바라며 절합니다.

81.

가족, 친구에 대해 그들 각자의 인격을 존중하며 소통하기를 바라며 절합니다.

82.

삶에서 마주하는 거친 현실과 좌절감을 건강하게 헤쳐나가기를 바라며 절합니다.

83.

나의 경계를 초월하는 힘을 통해 타인을 긍정하는 마음을 갖기를 바라며 절합니다.

84.

넘지 못할 거라 염려한 경계의 문턱을 넘어서며 더 큰 사람으로 살기를 바라며 절합니다.

85.

모든 문제는 내 생각에 따라 다르게 풀어낼 수 있다는 마음으로 살기를 바라며 절합니다.

86.

이 세상의 고통과 불행이 나에게도 올 수 있음을 인정하고 살기를 바라며 절합니다.

87.

나와 타인의 생각과 감정, 행동, 행복을 존중하며 조화롭게 살기를 바라며 절합니다.

88.

나와 타인의 약점보다는 강점을 발견하여 상호 성장하며 살기를 바라며 절합니다.

89.

나와 타인에게서 긍정성을 끌어내어 충실하고 가치 있는 삶을 살기를 바라며 절합니다.

90.

지금 여기서 충실히 살아가며 조금씩 좀 더 괜찮은 사람으로 살기를 바라며 절합니다.

91.

생각, 감정, 행동을 적절하게 다루는 조절로 좋은 삶을 살기를 바라며 절합니다.

92.

살피고 생각하여 후회할 말이나 행동을 하지 않고 신중하게 살기를 바라며 절합니다.

93.

나무와 함께 숲을 볼 줄 아는 통찰로 핵심을 보며 살기를 바라며 절합니다.

94.

이 세상에서 가장 사랑스러운 사람을 대하듯 나 자신을 대하며 살기를 바라며 절합니다.

95.

내가 먹은 것이 바로 내가 됨을 깨달으며 살기를 바라며 절합니다.

96.

삶의 군더더기를 비우고 단순하고 건강하게 살기를 바라며 절합니다.

97.

먼저 떠난 소중한 인연이 둥근 빛이 되어 기쁘게 다시 만날 것을 바라며 절합니다.

98.

언젠가 누구에게나 평등하게 끝나는 삶을 소중하게 살기를 바라며 절합니다.

99.

거짓 없이 진실한 마음으로 나와 타인을 대해 진솔하게 살기를 바라며 절합니다.

100.

아름다움과 선함에 감정의 아낌없이 감탄하며 살기를 바라며 절합니다.

101.

위협하는 두려움에 당당히 맞서는 용기를 발휘하며 살기를 바라며 절합니다.

102.

이해관계에 따라 한쪽에 치우치지 않고 공정하게 살기를 바라며 절합니다.

103.

나의 가치와 믿음을 지켜내는 신념을 소중히 여기며 살기를 바라며 절합니다.

104.

나와 타인의 잘못이나 실수를 너그럽게 포용하며 살기를 바라며 절합니다.

105.

타인의 생각과 감정을 이해하고 공감하며 살기를 바라며 절합니다.

106.

나는 혼자가 아니라는 것을 잊지 않고 살기를 바라며 절합니다.

107.

나는 이 세상에 전쟁이 없기를 바라며 절합니다.

108.

나는 이 세상에 가난과 질병이 없기를 바라며 절합니다.

달려라,
분홍

 달려라, 분홍

'당신의 심장을 뛰게 하라'

 2012년 8월, 당시 구독하던 신문에 게재된 어느 마라톤 대회 슬로건입니다. 여성의 유방 건강을 위한 핑크리본 캠페인의 일환으로 매년 진행되고 있는 마라톤대회로 2018년, 18년째 개최되었습니다. '핑크 리본'이라는 캠페인에 맞춘 분홍색 상의가 기념품으로 제공됩니다. 트루를 그렇게 떠나보낸 후, 여러 가지 복잡한 상황과 심리적 고통이 겹치며 대상포진과 무기력증, 불면증으로 몇 개월째 상당히 힘겨운 나날을 보내고 있었습니다. 그날 오후에 신문을 펼치다 본 그 마라톤대회 광고 문구는 제 심장으로 달려들었습니다. '그래, 내가 이렇게 무너져가는 모습을 트루가 원하지 않을 거야. 살아보자. 움직이자. 심장을 뛰게 해보자'라는 내 안의 목소리를 들으며 그날 저녁, 먼지가 뿌옇게 내려앉은 운동화를 꺼내 신고 천변으로 나섰습니다. 처음 50m를 달리는데 심장이 터질 것 같았습니다. 이후 10km 출전을 신청하고. 2개월 동안 매일 100m, 500m, 1km씩 달리는 구간을 조금씩 늘려 달리며 근력과 호흡을 키워갔습니다. 처음에는 햇빛과 사람을 피해 어두운 밤에만 달리다가 점차 새벽으로, 주말엔 햇살이 가득한 한낮의 달리기를 시도했습니다. 그때 햇빛이 주는 치유의 에너지를 느꼈습니다. 전신 근육을 움직이며 달릴 수밖에 없는 달리기를 통해 햇빛이 저하된 기분, 우울증에 탁월한 효과가 있다는 것을 체험했습니다.

드디어 2개월 후 대회 당일, 기념품으로 받은 분홍 티셔츠를 입고 트루가 즐겨 쓰던 야구모자를 쓰고 10km 코스를 단 한 번도 멈추지 않고 달려 완주했습니다. 그가 떠난 일년 후인 10월의 일요일, 햇살을 온몸 가득 머금고 달리면서 숨이 넘어갈 것 같은 순간엔 다시 모자를 고쳐 쓰고, 그래도 힘들면 '트루야. 누나가 완주해볼게. 너와 함께. 네 심장이 뛸 몫까지 달려볼게. 힘을 줘'하며. 그날 오후, 트루가 잠든 곳에 가져간 분홍색 완주 메달은 다시 힘을 내어 네 몫까지 살아보겠노라는 약속의 메달이었습니다. 이후 21km, 32km, 40km 대회를 거듭하며 42.195km 풀코스까지 도전을 이어갔습니다.

　　당시, 장거리 달리기는 제 라이프 스타일로서는 혁명이었고 몸의 대전환 같은 사건이었습니다. 수많은 러너와 함께 달리는 속에서도 심장에, 눈에, 몸에 햇빛을 주워 담으며 달렸던 42.195km의 숨 가쁨은 평생 몸에 새겨질 기억입니다. 몸과 관계, 삶에 대해서 생각할 시간을 가지며 몸으로 밀고 나가며 달렸던 저의 몸에 지금도 깊은 고마움을 느낍니다. 달리기는 신체에 힘을 가해 어딘가로 이동하는 운동입니다. 저는 달리기를 하며 슬픔과 절망에서 걸어 나오는 움직임을 작동시켰던 것 같습니다. 걷고 달리며 생각지도 못했던 제 안의 잠재력을 발견하게 되고, 내디딘 한 걸음 한 걸음이 모여서 엄청난 힘을 만들어 냈습니다. 자신을 발견하기 위해, 그리고 더 많이 생각하고, 질문하기 위해 그 길들을 달리고 또 달렸습니다. 달리기를 처음 시작하며 느꼈던 8월의 여름 햇살, 가을 단풍 사이로 쏟아지는 화사한 가을 햇살. 1월 눈 쌓인 남산 언덕을 달리며 만난 차가운 겨울 햇살 속에서 진정으로 살아있음을 만끽했습니다. 때로는 한적한 달리기 코스에서 만나는 빗겨 난 햇살만으로도 충분히 감사하고 행복했습니다.

마라톤동호회에서 활동하고 풀코스 마라톤대회를 출전할 정도로 달리기를 좋아했지만, 부상과 여러 번의 교통사고 등 크고 작은 사고로 몇 차례의 수술을 받으며 이제는 풀코스를 다시 달리지 못할 것 같습니다. 이전처럼 다시 달리기를 못한다 해서, 즐겨 신던 하이힐을 이제는 신지 못한다 해서 제 삶이 불행하다고 생각하지 않습니다. 물체마다 탄성이 다르듯이 사람에 따라 탄성이 다르고, 어떤 불행한 사건이나 역경에 대해 어떻게 의미를 선택하고 부여하느냐에 따라 삶은 다르게 흘러간다고 생각합니다. 그저, 다만 필사적으로 회복해나가고자 할 뿐입니다. 그저 살아갈 뿐입니다.

장거리 달리기는 긍정적이고 확고한 태도를 필요로 했다. 부정적인 명령은 통하지 않았다. 하지 말아야 할 일들이 아니라 할 일들로 삶이 채워졌다. 장거리 달리기를 통해 나는 내 몸과 다시 만났다. 그리고 몸에는 그에 걸맞는 마음이 자리한다는 걸 발견했다.
장거리 러너는 신비롭게도 몸과 마음을, 고통과 즐거움을, 의식과 무의식을 서로 화해시킨다. 장거리 러너는 찢어진 곳을 기우고 갈라진

영혼의 상처를 치유한다. 장거리 러너는 놀이에서 시작해 고통을 뚫고 지나가 즐거움 속에서 끝마친다.

    내가 누구인지 말할 수 있는 사람은, 내 삶이 어떤 것인지 결정할 수 있는 사람은 바로 나 자신이지 다른 사람이 아니다. 나를 대신해 생각해줄 사람은 없다. 그러고 싶지도 않다. 내게 이기느냐 지느냐의 문제는 이런 것들이다. 내게 중요한 것은 운이나 팔자가 아니라 선택이다. 내가 보는 것, 느끼는 것 등 취향이랄 수 있는 모든 것은 선택의 문제다. 나는 이런 사람을, 이런 가치관을, 이런 우주관을 선택했다.

조지 쉬언 『달리기와 존재하기』 중

나의
목소리는
라디오를 타고

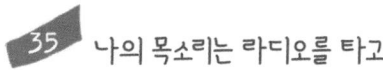

## 35  나의 목소리는 라디오를 타고

> **"**
>
> 저는 사랑하는 사람을 자살로 먼저 떠나보냈습니다.
> 원망도 해봤지만 제 책임인 것 같아
> 마음의 고통이 더 크게 느껴졌습니다.
> 살아남은 자의 기억이 너무 힘겹던 어느 날.
> 자살 유족 모임의 자작나무에서
> 희망을 느낄 수 있었습니다.
> 다른 사람의 이야기를 들을 수 있었습니다.
> 그리고 내 이야기를 하기 시작했습니다.
> 이제는 상실을 마주하고 회복하려고 합니다.
>
> **"**
>
> 생명사랑캠페인 서울시 자살예방브랜드
> '마음이음1080'과 함께합니다.
> 2017년 자살예방 라디오 캠페인 문구

2017년 여름, 서울시자살예방센터에서 운영하는 자살유가족들의 자조 모임인 '자작나무'에 참여하며 우연한 기회에 목소리 기부를 하게 되었습니다. 세계자살예방의 날인 9월 10일을 기해 2017년 생명사랑캠페인의 일환으로 라디오 프로그램을 통한 공익광고에 자살유가족의 육성을 담는 목소리 기부였습니다. 고민 끝에 '목소리'라는 부분에 용기를 내어 참여하였습니다.

CBS 방송국에서 황순찬 서울시자살예방센터장님과 각각 녹음을 하는데, 입술은 자꾸 말라오고 물을 마셔도 자꾸 목이 탔던 시간이었습니다. 녹음 일정을 앞두고 자기 검열을 하는 감정들이 올라오며 저를 머뭇거리게 했습니다. 그러나, 누군가 단 한 명이라도 앞으로 자신의 가족이 될 수도 있는 자살유가족의 목소리와 이야기를 듣고 생각을 바꿀 수 있다면…. 이라는 심정으로 갈등하며 힘겹게 방송국으로 향했습니다. 한 달간 라디오 채널을 통해 어쩌다 듣게 되는 제 목소리는 제가 생각했던 것보다 훨씬 떨렸으며 녹음하는 15초의 시간이 매우 길게 느껴지는구나 싶었습니다.

마음을 다잡고 마이크 앞에 섰지만, 나도 모르게 목이 메기도 했고 호흡이 꼬여 여러 번의 NG 끝에 겨우 녹음을 마쳤던 그 시간이 어느덧 1년하고도 4개월이 지났습니다.

모임을 하면서 자살유가족들이 서로에게서 가장 많은 위로를 느끼는 부분은 '내 이야기를 할 수 있다'라는 것입니다. 혼자서는 상실을 마주하기가 힘들지만 모임을 통해 회복으로 가는 발걸음을 떼기가 조금 더 수월해졌습니다. 지금 이 시각에도 혼자서 고립되어 상실의 고통을 겪는 분들이 많을 것입니다. 그분들에게 자조모임을 추천해 드리고 싶습니다.

자작나무,
공감과
위로의
연대나무

## 36  자작나무, 공감과 위로의 연대나무

　　스무 살에 즐겨 읽었던 신문 연재소설이 있습니다. 소설가 이영희 씨의 『달아 높이 곰 돋아사』라는 소설이었지요. 그다음 이야기가 궁금해 매일 새벽 신문을 가지러 마당으로 나갔던 스무 살이라니…

　소설을 읽으며 처음 알게 된 나무가 있었는데, 자작나무였습니다. 신비로운 풍경을 묘사한 소설 속의 자작나무는 어떤 나무일까 상상했지요. 과거에는 인터넷 검색이 어려웠기에 오히려 상상의 나래를 뭉근히 펼칠 수 있었던 덕을 봤던 것 같습니다. 자작나무는 하얀 옷을 몸에 두른 듯 줄기의 껍질이 종이처럼 얇고 하얗게 벗겨집니다. 천마총에서 출토된 그림의 재료가 자작나무껍질이며, 팔만대장경도 이 나무로 만들었다고 합니다. 군락을 이루면서 서로에게 기대어 거대한 길을 만드는 자작나무 숲에 들어서면 봄이어도 마치 순백純白의 겨울 숲으로 이동하는 느낌이 듭니다.

군락을 이룬 자작나무처럼 '나무연결이 주는 희망'을 표방한 자조 모임이 있습니다. 서울시 자살예방센터에서 운영하는 모임입니다. 사랑하는 사람을 먼저 보낸 고통 속에서 자신을 놓아 버리지 않고 살아온 사람들이 자살유가족의 고통과 연결되어 희망의 군락을 이루고자 하는 마음으로 운영하고 있습니다. 모든 연결고리가 끊어지고 혼자 남겨진 것만 같은 세상에서 나무연결로 군락을 이루는 동무 마음으로 자살유가족들을 위한 멘토링, 회복프로그램, 애도상담을 활발히 진행하고 있는 모임입니다.

몇 년전, 처음 모임을 알게 되어 참여하면서 모임의 이름이 '자작나무'인 것에 마음이 더욱 끌렸습니다. 자작나무는 '자살유족/작은희망/나눔으로/무르익다'라는 의미입니다. 쉽게 말하기 어려운 고통을 겪는 자살유가족들이 만나서 이야기하는 것은 치유에 중요합니다. 서로가 힘겹게 꺼내놓는 이야기를 들으며 공감과 위로의 연대감이 솟아납니다. 애도 과정의 시작은 슬퍼하기이며, 중요한 것은 생각으로 슬퍼하지 않고 말로 슬퍼하는 것이라고 합니다. 나의 버거운 경험이 다른 사람들과 크게 다르지 않았다는 걸 공감하면서요. 모임에 와서 한마디씩이라도 말로 풀어내면서 저 또한 큰 위안이 되었고, 주변에 유사한 고통을 받으신 분들에게도 추천하는 모임이기도 합니다. 상실을 겪어 본 사람들이 언제 손을 내밀어도 될지, 어떤 말을 건네야 하는지 알고 있기에 공감의 결이 더욱더 깊은 것 같습니다.

마음의 껍질이 벗겨지고, 하얗게 각질이 일어나도, 더없이 외로워 보여도, 서로에게 기대어 다시 거대한 삶의 길을 이루어 나갈 겁니다. 진정한 위로와 혼자가 아니라는 연대감은 그 흔한 사람들도 다시 살아갈 힘을 건넵니다.

끝말과
애도의
품격이 있는
장례식

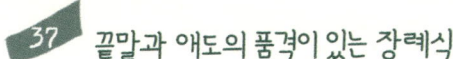
## 끝말과 애도의 품격이 있는 장례식

해외 소설이나 다큐멘터리에 나오는 이야기가 아닙니다. 뽀글뽀글 파마머리가 최신 트렌드였던 1970년대에 단발머리 열풍을 불러일으키며 '한국 미용계의 대모'로 우뚝 선 그레이스 리, 이경자 씨가 생전에 가족에게 당부한 유언입니다.

나 죽으면 가진 옷 중에 제일 예쁜 옷으로 입고 와야 해. 그리고 절대 울고 짜고 하지 마. 죽는 건 자연스러운 일이야. 그러니 장례식도 경쾌하게 치르면 좋지 않겠어. 충분히 근사하게 살다 죽었는데 뭐가 슬프고 뭐가 아쉬워? 그리고 장례식장에서는 왜 흰 국화만 쓰는 거지? 난 핑크나 빨강처럼 예쁜 게 좋아. 하얀 국화꽃 대신 분홍 장미를 장식하고 음악도 탱고나 내가 자주 듣던 거로 틀어줘. 음식도 장례식장에서 파는 것 말고 근사한 메뉴를 짜야 하는데 그건 아직 생각 중이야.
그레이스 리의 유언 중

국내 유학파 1호 헤어디자이너인 그는 한국 여성의 아름다운 머릿결을 부각할 수 있는 단발머리 커트로 선풍을 일으켰고, 개인용 헤어드라이어를 국내에 소개한 주인공이었습니다. 그는 대장암으로 항암치료를 받는 와중에도 자신다운 장례식을 가족에게 특별히 당부했습니다. 그리고 2011년 2월 28일 일흔 아홉의 나이로 세상을 떠난 그레이스 리의 장례식은 고인의 부탁을 받든 가족에 의해 생전의 유쾌한 그를 꼭 빼닮은 모습이었다고 합니다. 분홍과 빨강 장미, 은은히 흐르는 음악 그리고 다양한 생전의 활동사진이 돌아가는 모니터…. 마치 출판기념회나 칠순 잔치에 어울리는 풍경이 펼쳐졌던 그레이스 리의 장례식 풍경은 매스컴에 소개되고 다른 장례식장의 조문객이 구경할 정도로 특별했다고 합니다.

2017년 겨울, 대통령 3명을 염한 '무념무상의 손'이라 불리는 유재철 대표는 지금까지 3,000여 명을 염했지만, 국내에서 전무후무한 특별한 장례식의 주인공으로 그레이스 리 선생 말고는 기억이 안 난다고 말했습니다. 최규하, 노무현, 김영삼 전 대통령 장례를 직접 모시고 법정 스님을 비롯한 큰 스님들의 다비<sup>茶毘</sup>도 진행한 그는 죽음이 축복이 될 수도 있다고 말합니다. 다들 자기는 안 죽을 것처럼 살아가는데 죽음을 공부해야 삶이 깊어지며 존엄사로 다가갈 수 있고 죽음을 의식하면 하루하루가 소중해진다고 전했습니다. 비슷한 시기에 일본의 한 기업인인 안자키 사토루 고마쓰 제작소 전 사장이 생전 장례식으로 '감사의 모임'을 열겠다고 신문에 알려 전 세계의 주목을 받았습니다. 그는 "죽는 것은 대단한 일이라고 생각한다. 인생을 충분히 즐겼고 수명에도 한계가 있다. 직접 감사의 마음을 전할 수 있어서 만족한다."고 전하고 세상을 떠났습니다. 즉, 그는 '끝말'을 생전 장례식으로 남기고 주도적으로 떠난 것입니다. 그의 주도적 능동성과 담대함, 유쾌하면서도 서늘한 느낌마저 들었지만 부럽다는 마음이 더 컸습니다.

장례식, 장례문화의 본질은 무엇일까? 우리는 왜 장례라는 의식을 치르며 고인을 떠나보내는 것일까. 고대로부터 행해온 장례식은 시간과 공간을 거치며 다양한 모습으로 변화되고 있지만 결국 본질은 하나가 아닐까요. 이제 세상에서 원하든 원하지 않든 육신의 할 일을 마친 이를 잘 떠나보내고 함께 호흡했던 고인을 진심으로 애도하고 기억하며 몸의 이별을 하는 의식이 바로 장례식의 원형일 것입니다. 슬픔은 우리가 고인을 얼마나 사랑하고 그리워하는지를 몸으로 정직하게 표현하는 방식입니다.

장례식의 중요성은 프랑스 영화 <금지된 장난Forbidden Games>을 통해서도 묘사되고 있습니다. 전쟁의 공습은 소녀의 부모를 빼앗아 가고, 소녀는 죽은 동물에 꽃과 관, 곱게 단장한 무덤 등을 만들어 주는 장례 놀이를 통해 본능적으로 위안을 얻습니다. 소녀는 놀이로 부모의 죽음을 받아들이고, 위안을 얻고, 궁극적으로 그것을 이해합니다. 온전하고 충분하게 고인과 작별할 시간과 공간을 거부당한다는 것은 당장은 나타나지 않을지라도 이후에 회한과 죄책감, 슬픔의 여운이 더 깊게 오래 남아있게 된다고 생각합니다. 인생의 마지막 순간에 가족을 존엄하게 떠나보내려는 작고 따뜻한 새로운 장례 문화 움직임이 세계 곳곳에서 일고 있음은 반가운 일이라고 생각합니다. 장례식장은 억눌린 슬픔으로만 채워지는 공간이 아니라 남겨진 자들이 적극적으로 장례의 주인공인 고인을 추억하는 공간이 되고, 고인에 대해 각자 가슴에 담고 있는 이야깃거리를 꺼내어 나누는 진정한 애도의 자리가 될 수 있었으면 좋겠습니다. 장례를 통해 고인을 잃은 상실의 깊은 슬픔과 함께 따스한 추억을 나눌 수 있도록 말입니다.

> 나는 이제 연장을 거두고 집으로 돌아간다.
> 하지만 그것은 두렵거나 지쳤기 때문이 아니라,
> 다만 해가 저물었기 때문이다.

『그리스인 조르바』의 작가,
니코스 카잔차키스가 쓴 임종 직전 메모 중

우리는
지금
화담숲이
되었소

## 38 우리는 지금 화담和談 숲이 되었소

이따금 동생과 형부가 잠들어 있는 파주 용미리 공원묘지에 산책하러 갑니다. 매해 돌아오는 기일에 얽매이지 않고 가고 싶을 때 그야말로 '산책'하듯 찾아갑니다. 그리움이라는 것이 정해진 날에만 찾아오는 것은 아니니 말입니다. 사방으로 탁 트인 시야를 확보해주는 그곳에서 바라보는 삶과 죽음의 경계는 삶의 유한성과 연속성을 동시에 느낄 수 있기에 그곳에서 걷는 것을 좋아합니다. 일상의 건조한 풍경을 벗어나 추모자이자 산책자의 시선으로 걷는 디톡스 시간이기도 합니다. 지난 10월 끝 무렵의 용미리는 노랑과 빨강, 초록으로 듬뿍 물든 단풍이 절정이었습니다. 수만 평의 자연장, 수목장이 잘 조성된 용미리 산책은 날이 화사하면 화사한 대로, 비가 오면 비가 오는 대로 그 나름의 자연의 맛과 멋을 온전히 느끼게 합니다.

짧은 머묾에도 화해의 대화를 나눌 수도, 때로는 일상의 변화에 대해 정답게 안부를 전하다 보면 마음에 작은 숲이 생깁니다. 떠난 자와 남은 자의 대화가 오가는 작은 숲, 그야말로 '화담숲'입니다. 사랑하는 이를 잃은 슬픔과 그리움이 인생의 거름이 되어 이제는 화담和談을 나누게 되었다는 생각이 듭니다. 수목장으로 장례를 치렀기에 갈 때마다 작은 묘목이 점차 큰 소나무가 되어가며 키가 크고 굵어지는 과정을 지켜볼 수 있어서 참 좋습니다. 마치 동생과 형부가 그리고 그 나무에 함께 묻힌 누군가의 가족인 망자가 새로운 생명의 원천이 되어가는 것 같아 위로를 받습니다. 햇수로만 세월을 느끼는 것이 아니라 소나무가 굵어지는 것을 보고, 소나무를 쓰다듬고, 안아보기도 하며 온기를 느낍니다. 가족들에게는 '소나무가 이렇게 컸네'하는 사진을 공유하며 '잘 자라고 있어요. 잘 크고 있어요. 잘살고 있을 거예요'라고 동생의 안부를 나눕니다.

2018년 5월에 별세한 대기업 그룹 회장의 장례가 우리 사회에 미친 울림은 잔잔하면서도 묵직했습니다. 생전에 가족들에게 이른 당부대로 '조용한 장례' 속에서 차분하게 세상과 이별했고, 평소에 조성하여 즐겨 찾고 거닐었던 곤지암 인근

'화담숲'의 소나무에 묻히며 자연과 하나가 되었지요. 당시 우리사회를 들끓게 한 어느 대기업 총수 일가의 갑질 논란에 실망과 극도의 분노를 느끼던 국민들에게 분명히 다른 모습과 말을 세상에 건네며 조용한 울림을 주었습니다.

나무가 되어 숲 일부로 돌아간 분의 이야기를 더 드리고 싶습니다. 깊고 진한 사유의 시선과 탁월한 우리말 리듬감으로 시를 써온 허수경 시인이 2018년 10월에 세상을 떠났습니다. 암 투병 끝에 향년 54세로 독일 뮌스터에서 별세, 수목장으로 흙과 하나가 된 것입니다. 그녀는 『슬픔만한 거름이 어디 있으랴』 등을 통해 인간 실존의 외로움과 상처를 역사의식과 시대 감각을 녹여 펼쳐내던 재독 시인이었습니다.

20대 후반의 어느 날, 버스를 타고 가다 그녀의 시집을 읽다가 이유를 알 수 없이 터져 나오는 눈물을 주체 못 해 정류장도 아닌 곳에서 황급히 내렸던 강렬한 기억이 아직도 또렷합니다. 지난여름, 라디오에서 시인이 투병하고 있다는 소식을 접하며 20년 전의 그 시를 찾아 읽었습니다. 진행자 전기현 씨의 말대로 그녀의 쾌유를, 그녀에게 시간이 좀 더 허락할 수 있기를 저도 간절히 응원했습니다. 그러나, 이제 그녀의 시에서처럼 시인은 실존적 자아의 탈상을 마치고 뮌스터 공원묘지 나무의 거름이 되어가고 있겠지요. 시인은 위암 말기 진단을 받고 투병하던 지난 2월 출판사 편집자에게 자신의 상태를 편지로 알리면서 이런 소망을 전했다고 합니다.

> 얼마 남지 않은 시간 동안 세상에 뿌려놓은
> 제 글 빚 가운데 제 손길이 다시 닿았으면 하는 책들을
> 다시 그러모아 빛을 쏘여달라.

투병의 고통, 속속 다가오는 죽음의 갈림길 앞에서도 시인은 결국 '글 빚'을 갚는 문학적 행위로 스스로 자기 생을 돌아보고, 떠나는 자의 뒷모습을 준비했던 겁니다. 생애의 반을 독일에 살면서 고국에 대한 향수와 모국어에 대한 갈증을 원동력 삼아 글을 써온 시인이 자신의 글을 그러모아 빛을 쏘여달라는 시인의 마지막 당부, 끝말이 너무나 처연하도록 아름답

습니다.

시인의 별세 소식을 접하며 생전에 즐겨 거닐던 독일 뮌스터의 흙으로 되어갈 시인을 떠올립니다. 생을 마감하면서도 평생 천착해온 언어로 세상을 향해 따뜻하게 말을 건네고 떠나는 그 끊어짐과 아름다운 뒷모습에 깊은 애도를 표현하고 싶습니다.

당신의 시詩에 참 많은 위로를 받았습니다. 감사합니다. 편히 잠드소서. 저 또한, 생을 다할 때 흙이 되어 나무의 거름이 되고 싶습니다. 그리하여 우리는 사람이었으나 지금은 숲이 되어가는 이야기들을 화기애애하게 나누고 싶습니다.

화담숲에서.

애도의
틈,
한 땀
한 땀의
회복

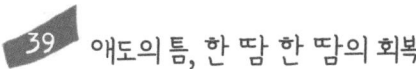
## 39  애도의 틈, 한 땀 한 땀의 회복

틈. 이란 단어를 좋아하게 되었습니다. 좋아한다는 표현보다는 삶에서 '틈'의 존재감과 '틈'의 사소함이 결정적일 수 있다는 것을 이제야 조금이나마 깨달아가고 있다는 게 더 적절하겠네요. 그 상처의 틈으로 들고나는 아픔은 시간이 갈수록 오히려 점점 부풀어 올라서 툭~ 건드리면 고름이 흘러내릴 것만 같은 때가 있었습니다. 그때 '내가 나를 어떻게 도울 수 있을까'를 생각하게 되었습니다. 나를 가장 사랑하는 사람은 바로 나 자신이니, 이 벌어진 상처의 틈을 어떻게, 무엇으로 채워 회복할 수 있을까. 살아남을 틈을 찾으려 필사적으로 궁리했습니다.

상실을 마주하여 직면한다는 것. 직면의 방법은 마땅히, 온전히 제 슬픔을 인정하고 정서적 포옹을 해주는 것이었습니다. 함께 듣던 음악을 듣고, 남긴 글을 읽고, 남긴 당부의 말을 하나라도 실행해보려 노력하고, 몹시도 그리울 땐 참지 않고 동생이 잠든 소나무를 찾아 음악을 들려주고, 남겨둔 책의 글귀를 읽어주고 오는 것이었습니다. 그것이 제게는 애도의 틈, 한 땀 한 땀의 회복이었습니다. 구멍 난 양말, 해진 소매에 천을 덧대 깁듯이 박음질로 한 땀 한 땀 바느질하듯이.

의미는 찾는 것이 아니라 만드는 것이 아닐까요? 몸과 관계, 삶에 대해서 생각할 시간을 가지며 역경을 정체성으로 만들어가는 이 과정이 바로 회복의 시작점이라고 생각합니다. 그러다보면 자기 충실의 삶, 각자의 삶을 나름 온당하게 꾸리며 자아를 잃지 않고 주체적으로 회복해 나아가겠지요.

그게 삶이 되겠지요.

그렇게 차곡차곡 살아갈 뿐입니다.

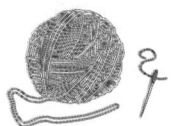

I Do,
I Go,
I Live

## 40. I Do, I Go, I Live

해야 하는 일이 버겁고 지칠 때. 스스로 힘을 불어넣는 주문처럼 하는 말이 있습니다.

Anyway, Keep Going!

그날도 시급히 해야 할 일들의 목록들과 쳐내지 못하고 쌓아둔 일 더미 사이에서 얼마간 지쳐가고 있었습니다. 친구와 대화를 나누다 툭 나온 말이 있습니다.

> Anyway, Keep Going
> 해야, 가니까
> 가야, 하니까
> 가야, 사니까

동사입니다.

소유 중심의 명사가 아닌 과정과 움직임 즉, 경험 중심의 동사. 땅속으로부터 흙을 밀고 올라오는 새싹처럼, 몸을 밀고 가며 내면으로부터 내보내기로 하는 움직임입니다.

명사의 삶보다 동사의 삶이 저를 이끕니다. 게으른 제 눈은 명사만을 바라보면서 한숨 쉬면서 지레 겁을 먹고, 부지런한 제 손발은 동사가 되어 저를 이끌어 줍니다. 동사의 삶이 저를 당장 움직일 수 있게 하기 때문이죠. 동사의 삶을 살면서 잠시 쉼이 필요할 때, 명사를 곁에 두겠습니다. 소망하는 삶이 동사가 되어 제 동력이 되어주고, 동사의 삶을 살아가다 보면 나름대로 충실한 삶이라는 명사에 도달하게 될 것입니다.

너무 생각이 많아지면 먼저 몸을 움직이고 동사의 삶 속으로 뛰어들면 됩니다. 그렇게 뛰어든 것들을 이어붙이다 보면 어느 순간, 목표했던 명사 앞에 서 있는 자기 자신을 발견할 수 있으리라 봅니다.

저 자신에게 그리고 제게 이런 숙제를 던져준 트루에게 말합니다.

"

움직일게.

자라볼게.

살아갈게.


I Do, I Go, I Live

"

# Becoming
비커밍

## 41. Becoming 비커밍

'비커밍'이란 단어가 제게 쏙 들어온 계기는 2007년에 개봉했던, 영국의 소설가 제인 오스틴의 일대기를 그린 영화 <비커밍 제인 Becoming Jane>을 보면서입니다. 『오만과 편견』, 『설득』, 『이성과 감성』, 『엠마』 등을 쓴 세계 문학의 대표적 작가의 한 사람으로 20세기에 들어서면서 더 높이 평가된 작가입니다. 제인 오스틴의 원작 소설도 좋아했지만, 영화로 재구성한 작품들도 좋아했습니다. 주체적이고 당당한 여성의 생각과 목소리를 담아내고, 담담하면서도 위트있는 글을 좋아했습니다. 시간이 흘러 2017년에 <비커밍 제인>을 다시 보면서 'Becoming'이라는 단어에 더욱 매료되고 말았습니다.

상실에 직면, 애도의 탐구를 통해 주체적 회복의 삶으로 나아가고자 하는 저에게 '비커밍'은 '생성'이라는 의미로 다가왔습니다. '알맞은', '어울리는', '적절한', '~(해)지고 있다', '~되다. 되어가고 있다' 라는 뜻과 함께 말입니다.

어떤 것이 스스로 다른 것이 되어가는 것으로, 동일 상태에 머무는 존재의 고착성에 대립한다는 '생성'이라는 그 뜻이 제게는 애도 탐구를 통해 필사적으로 회복해나가되, 주체적으로 자신이 되어가는 방향성을 담은 단어로 다가왔습니다. 상처를 숨기느라 자존감을 잃고 고립되는 것이 아니라, 상처를 인정하며 자신과 주변의 상처에 대해 손을 내밀어 천천히 회복해가며 더 나은 내가 되어가고 싶습니다. 그런 내가 하나 둘 늘어나면, 우리 사는 세상이 조금 더 살만해지지 않을까요.

비커밍,
마땅히 애도하며
비로소 내가 되는,
괜찮아지는 나.

+1
당신에게 드리는
시간의 선물,
틈

## +1 당신에게 드리는 시간의 선물, 틈

　　당신 내면의 서랍에 넣어둔 기억 한 조각 꺼내어 이야기해 보세요. 이 페이지에서 세상에서 가장 짧은 애도 여행을 떠나보시길 바랍니다.